शृंखला की कड़ियाँ

शृंखला की कड़ियाँ

[भारतीय नारी की समस्याओं का विवेचन]

महादेवी वर्मा

लोकभारती प्रकाशन

पहला संस्करण 1942 में प्रकाशित

लोकभारती प्रकाशन
पहली मंजिल, दरबारी बिल्डिंग, महात्मा गांधी मार्ग
प्रयागराज-211 001

वेबसाइट : www.lokbhartiprakashan.com
ईमेल : info@lokbhartiprakashan.com

शाखाएँ : 1-बी, नेताजी सुभाष मार्ग, दरियागंज
नई दिल्ली-110 002
अशोक राजपथ, साइंस कॉलेज के सामने
पटना-800 006

इस रूप में पहला संस्करण : 2008
सातवाँ संस्करण : 2024

मूल्य : ₹ 695

बी.के. ऑफसेट
नवीन शाहदरा, दिल्ली-110 032
द्वारा मुद्रित

SRINKHALA KI KARIYAN
Edited by Mahadevi Verma

ISBN : 978-81-8031-116-1

जन्म से अभिशप्त, जीवन से संतप्त

किन्तु

अक्षय वात्सल्य-वरदानमयी

भारतीय नारी को

महादेवी

निर्देशिका

अपनी बात

विचार के क्षणों में मुझे गद्य लिखना ही अच्छा लगता रहा है, क्योंकि उसमें अपनी अनुभूति ही नहीं बाह्य परिस्थितियों के विश्लेषण के लिए भी पर्याप्त अवकाश रहता है। मेरा सबसे पहला सामाजिक निबन्ध तब लिखा गया था जब मैं सातवीं कक्षा की विद्यार्थिनी थी, अतः जीवन की वास्तविकता से मेरा परिचय कुछ नवीन नहीं है।

प्रस्तुत संग्रह में कुछ ऐसे निबन्ध जा रहे हैं जिनमें मैंने भारतीय नारी की विषम परिस्थितियों को अनेक दृष्टिबिन्दुओं से देखने का प्रयास किया है। अन्याय के प्रति मैं स्वभाव से असहिष्णु हूँ अतः इन निबन्धों में उग्रता की गन्ध स्वाभाविक है, परन्तु ध्वंस के लिए ध्वंस के सिद्धान्त में मेरा कभी विश्वास नहीं रहा। मैं तो सृजन के उन प्रकाश-तत्त्वों के प्रति निष्ठावान हूँ जिनकी उपस्थिति में विकृति अन्धकार के समान विलीन हो जाती है। जब तक प्रकृति व्यक्त नहीं होती तब तक विकृति के ध्वंस में अपनी शक्तियों को उलझा देना वैसा ही है जैसा प्रकाश के अभाव में अँधेरे को दूध से धो-कर सफेद करने का प्रयास। वास्तव में अन्धकार स्वयं कुछ न होकर आलोक का अभाव है इसी से तो छोटा-से-छोटा दीपक भी उसकी सघनता नष्ट कर देने में समर्थ है।

भारतीय नारी भी जिस दिन अपने सम्पूर्ण प्राणप्रवेग से जाग सके उस दिन उसकी गति रोकना किसी के लिए सम्भव नहीं। उसके अधिकारों के सम्बन्ध में यह सत्य है कि वे भिक्षावृत्ति से न मिले हैं न मिलेंगे, क्योंकि उनकी स्थिति आदान-प्रदान योग्य वस्तुओं से भिन्न है। समाज में व्यक्ति का सहयोग और विकास की दिशा में उसका उपयोग ही उसके अधिकार निश्चित करता रहता है और इस प्रकार, हमारे अधिकार, हमारी शक्ति और विवेक के सापेक्ष रहेंगे। यह कथन सुनने में चाहे बहुत व्यावहारिक न लगे परन्तु इसका प्रयोग निर्भ्रान्त सत्य सिद्ध होगा। अनेक बार नारी की बाह्य परिस्थितियों के परिवर्तन की ओर ध्यान न देकर मैं उसकी शक्तियों को जाग्रत करके परिस्थितियों में साम्य लाने वाली सफलता सम्भव कर सकी हूँ। समस्या का समाधान समस्या के ज्ञान पर निर्भर है और यह ज्ञान ज्ञाता की अपेक्षा रखता है। अतः अधिकार के इच्छुक व्यक्ति को अधिकारी भी होना चाहिए। सामान्यतः भारतीय नारी में इसी विशेषता का अभाव मिलेगा। कहीं उसमें साधारण दयनीयता है और कहीं असाधारण विद्रोह है, परन्तु सन्तुलन से उसका जीवन परिचित नहीं।

प्रस्तुत निबन्ध किस सीमा तक सोचने की प्रेरणा दे सकेंगे, यह बता सकना मेरे लिए सम्भव नहीं। पर यदि इनसे भारतीय नारी की विषम परिस्थितियों की धुँधली रेखाएँ कुछ स्पष्ट हो सकें तो इन्हें संग्रहीत करना व्यर्थ न होगा।

—महादेवी

05.05.1942

हमारी शृंखला की कड़ियाँ

[1]

प्रायः जो वस्तु लौकिक साधारण वस्तुओं से अधिक सुन्दर या सुकुमार होती है उसे या तो मनुष्य अलौकिक और दिव्य की पंक्ति में बैठाकर पूजार्ह समझने लगता है या वह तुच्छ समझी जाकर उपेक्षा और अवहेलना की भाजन बनती है। अदृष्ट की विडम्बना से भारतीय नारी को दोनों ही अवस्थाओं का पूर्ण अनुभव हो चुका है। वह पवित्र देव-मन्दिर की अधिष्ठात्री देवी भी बन चुकी है और अपने गृह के मलिन कोने की बन्दिनी भी। कभी जिन गुणों के कारण उसे समाज में अजस्र सम्मान और अतुल श्रद्धा मिली, जब प्रकारान्तर से वे ही त्रुटियों में गिने जाने लगे तब उसे उतनी ही मात्रा में अश्रद्धा और अनादर भी, अपना जन्मसिद्ध अधिकार मानकर स्वीकार करना पड़ा। उसे जगाने का प्रयास करने वाले भी प्रायः उसी सन्देह में पड़े रहते हैं कि यह जाति सो रही है या मृतक ही हो चुकी है जिसकी जागृति स्वप्नमात्र है।

वास्तव में उस समय तक इसका निश्चय करना भी कठिन है जब तक हम उसकी युगान्तरदीर्घ जड़ता के कारणों पर एक विहंग दृष्टि न डाल लें।

संसार के मानव-समुदाय में वही व्यक्ति स्थान और सम्मान पा सकता है, वही जीवित कहा जा सकता है जिससे हृदय और मस्तिष्क ने समुचित विकास पाया हो और जो अपने व्यक्तित्व-द्वारा मनुष्य समाज से रागात्मक के अतिरिक्त बौद्धिक सम्बन्ध भी स्थापित कर सकने में समर्थ हो। एक स्वतंत्र व्यक्तित्व के विकास की सबको आवश्यकता है, कारण, बिना इसके न मनुष्य अपनी इच्छाशक्ति और संकल्प को अपना कह सकता है और न अपने किसी कार्य को न्याय-अन्याय की तुला पर तोल ही सकता है।

नारी का मानसिक विकास पुरुषों के मानसिक विकास से भिन्न परन्तु अधिक द्रुत, स्वभाव अधिक कोमल और प्रेम-घृणादि भाव अधिक तीव्र तथा स्थायी होते हैं। इन्हीं विशेषताओं के अनुसार उसका व्यक्तित्व विकास पाकर समाज के उन अभावों की पूर्ति करता रहता है जिनकी पूर्ति पुरुष-स्वभाव द्वारा सम्भव नहीं। इन दोनों प्रकृतियों में उतना ही अन्तर है जितना विद्युत और झड़ी में। एक से शक्ति उत्पन्न की

जा सकती है, बड़े-बड़े कार्य किये जा सकते हैं, परन्तु प्यास नहीं बुझाई जा सकती। दूसरी से शान्ति मिलती है, परन्तु पशुबल की उत्पत्ति सम्भव नहीं। दोनों के व्यक्तित्व, अपनी पूर्णता में समाज के एक ऐसे रिक्त स्थान को भर देते हैं जिससे विभिन्न सामाजिक सम्बन्धों में सामञ्जस्य उत्पन्न होकर उन्हें पूर्ण कर देता है।

प्राचीनतम काल में मनुष्य को सामाजिक प्राणी बनाने में, पत्नी-पुत्रादि के लिए गृह और उसकी पवित्रता की रक्षा के लिए नियमों का आविष्कार कराने में स्त्री का कितना हाथ था, यह कहना कठिन है, परन्तु उसके व्यक्तित्व के प्रति समाज का इतना आदर और स्नेह प्रकट करना सिद्ध करता है कि मानव-समाज की अनिवार्य आवश्यकताओं की पूर्ति उसी से सम्भव थी। प्राचीन आर्य नारी के सहधर्मचारिणी तथा सहभागिनी के रूप में कहीं भी पुरुष का अन्धानुसरण या अपने आपको छाया बना लेने का आभास नहीं मिलता।

याज्ञवल्क्य अपनी विदुषी सहधर्मिणी मैत्रीयी को सब कुछ देकर वन जाने को प्रस्तुत होते हैं, परन्तु पत्नी वैभव का उपहास करती हुई पूछती है—'यदि ऐश्वर्य से भरी सारी पृथ्वी मुझे मिल जाय तो क्या मैं अमर हो सकूँगी?' चकित विस्मित पति कह देता है, 'धन से तुम सुखी हो सकोगी, अमर नहीं।' पत्नी की विद्रूपमय हँसी में उत्तर मिलता है 'जिससे मैं अमर न हो सकूँगी उसे लेकर करूँगी ही क्या?' आज भी, 'तमसो मां ज्योतिर्गमय, मृत्योः मां अमृतं गमय' आदि उसके प्रवचनों से ज्ञात होता है कि गृह की वस्तुमात्र समझी जानेवाली स्त्री ने कभी जीवन को कितनी गम्भीरतामयी दार्शनिक दृष्टि से देखने का प्रयत्न किया था।

त्यागी बुद्ध की करुण कहानी की आधार सती गोपा भी केवल उनकी छाया नहीं जान पड़ती, वरन् उसका व्यक्तित्व बुद्ध से भिन्न और उज्ज्वल है। निराशा में, ग्लानि में और उपेक्षा में वह न आत्महत्या करती है, न वन-वन पति का अनुसरण। अपूर्व साहस-द्वारा अपना कर्त्तव्य-पथ खोज कर स्नेह से पुत्र को परिवर्धित करती है और अन्त में सिद्धार्थ के प्रबुद्ध होकर लौटने पर धूलि के समान उनके चरणों से लिपटने न दौड़कर कर्त्तव्य की गरिमा से गुरु बनकर अपने ही मन्दिर में उनकी प्रतीक्षा करती है।

महापुरुषों की छाया में रहने वाले कितने ही सुन्दर व्यक्तित्व कान्ति-हीन होकर अस्तित्व खो चुके हैं, परन्तु उपेक्षिता यशोधरा आज भी स्वयं जीकर बुद्ध के विरागमय शुष्क जीवन को सरस बनाती रहती है।

छाया के समान राम का अनुसरण करने वाली मूर्तिमती करुणा सीता भी वास्तव

में छाया नहीं है। वह अपने कर्त्तव्य के निर्दिष्ट करने में राम की भी सहायता नहीं चाहती, वरन् उनकी इच्छा के विरुद्ध वन-गमन के क्लेश सहने को उद्यत हो जाती है। अन्त में अकारण ही पति-द्वारा निर्वासित की जाने पर असीम धैर्य से वनवासिनी का जीवन स्वीकार कर गर्वपूर्ण संदेश भेजती है—"मेरी ओर से उस राजा से कहना कि मैं तो पहले ही अग्नि-परीक्षा देकर अपने आपको साध्वी प्रमाणित कर चुकी हूँ, मुझे निर्वासित कर उसने क्या अपने प्रख्यात कुल के अनुरूप कार्य किया है?"—

वाच्यस्त्वया मद्वचानात्स राजा वह्नौ विशुद्धामपि यत्समक्षम् ।
मां लोकवादश्रवणादहासीः श्रुतस्य किं तत्सदृशं कुलस्य ॥

उसका सारा जीवन साकार साहस है कि जिस पर कभी दैन्य की छाया नहीं पड़ी।

महाभारत के समय की कितनी ही स्त्रियाँ अपने स्वतंत्र व्यक्तित्व तथा कर्त्तव्यबुद्धि के लिए स्मरणीय रहेंगी। उनमें से प्रत्येक संसार-पथ में पुरुष की संगिनी है, छाया मात्र नहीं। छाया का कार्य, आधार में अपने आपको इस प्रकार मिला देना है जिसमें वह उसी के समान जान पड़े, और संगिनी का अपने सहयोगी की प्रत्येक त्रुटि को पूर्ण कर उसके जीवन को अधिक से अधिक पूर्ण बनाना।

स्त्री को अपने अस्तित्व को पुरुष की छाया बना देना चाहिए, अपने व्यक्तित्व को उसमें समाहित कर देना चाहिए, इस विचार का पहले कब आरम्भ हुआ, यह निश्चयपूर्वक कहना कठिन है, परन्तु इसमें सन्देह नहीं कि यह किसी आपत्तिमूलक विषवृक्ष का ही विषमय फल रहा होगा। जिस अशान्त वातावरण में पुरुष अपनी इच्छा और विश्वास के अनुसार स्त्री को चलाना चाहता था उसमें इस भ्रमात्मक धारणा को कि स्त्री स्वतन्त्र व्यक्तित्व से रहित पति की छायामात्र है, सिद्धान्त का रूप दे दिया गया। इस भावना ने इतने दिनों में कितना अपकार कर डाला है, यह इस जाति की युगान्तर तक भंग न होने वाली निद्रा और निश्चेष्टता देखकर ही जाना जा सकता है। उसके पास न अपनापन है और न वह अपनापन चाहती ही है।

इस समय हमारे समाज में केवल दो प्रकार की स्त्रियाँ मिलेंगी—एक वे जिन्हें इसका ज्ञान ही नहीं है कि वे भी एक विस्तृत मानव-समुदाय की सदस्य हैं और उनका भी एक ऐसा स्वतंत्र व्यक्तित्व है जिसके विकास से समाज का उत्कर्ष और संकीर्णता से अपकर्ष सम्भव है; दूसरी वे जो पुरुषों की समता करने के लिए उन्हीं के दृष्टिकोण से संसार को देखने में, उन्हीं के गुणावगुणों का अनुकरण करने में जीवन के चरम

लक्ष्य की प्राप्ति समझती हैं। सारांश यह कि एक ओर अर्थ-हीन अनुसरण है तो दूसरी ओर अनर्थमय अनुकरण और यह दोनों प्रयत्न समाज की शृंखला को शिथिल तथा व्यक्तिगत बन्धनों को सुदृढ़ और संकुचित करते जा रहे हैं।

अनुसरण मनुष्य की प्रकृति है। बालक प्रायः आरम्भ में सब कुछ अनुसरण से ही सीखता है, तत्पश्चात् अपने अनुभव के साँचे में ढालकर उसे अधिक से अधिक पूर्ण करने का प्रयास करता है। परन्तु अनुभव के आधार से हीन अनुसरण सिखाए हुए पशु के अन्धानुसरण के समान है जो जीवन के गौरव को समूल नष्ट कर और मनुष्य को दयनीय बनाकर पशु की श्रेणी में बैठने के लिए बाध्य कर देता है। कृत्रिम प्राचीनता के आवरण में पली देवियाँ असंख्य अन्याय इसलिए नहीं सहतीं कि उनमें प्रतिकार की शक्ति का अभाव है वरन् यह विचार कर कि पुरुषसमाज के, न्याय समझ कर किये कार्य को अन्याय कह देने से वे कर्त्तव्यच्युत हो जायेंगी। वे बड़ा से बड़ा त्याग प्राणों पर खेलकर हँसते-हँसते कर डालने पर उद्यत रहती हैं, परन्तु उसका मूल्य वही है जो बलिपशु के निरुपाय त्याग का होता है। वे दूसरों के इंगितमात्र पर किसी भी सिद्धान्त की रक्षा के लिए जीवन की बाजी लगा देंगी, परन्तु अपने तर्क और विवेक की कसौटी पर उसका खरापन बिना जाँचे हुए; — अतः यह विवेकहीन आदर्शाचरण भी उनके व्यक्तित्व को अधिक से अधिक संकुचित तथा समाज के स्वस्थ विकास के लिए अनुपयुक्त बनाता जा रहा है।

दर्पण का उपयोग तभी तक है जब तक वह किसी दूसरे की आकृति को अपने हृदय में प्रतिबिम्बित करता रहा है, अन्यथा लोग उसे निरर्थक जानकर फेंक देते हैं। पुरुष के अन्धानुसरण ने स्त्री के व्यक्तित्व को अपना दर्पण बनाकर उसकी उपयोगिता तो सीमित कर ही दी, साथ ही समाज को भी अपूर्ण बना दिया। पुरुष समाज का न्याय है, स्त्री दया; पुरुष प्रतिशोधमय क्रोध है, स्त्री क्षमा; पुरुष शुष्क कर्त्तव्य है, स्त्री सरस सहानुभूति और पुरुष बल है, स्त्री हृदय की प्रेरणा। जिस प्रकार युक्ति से काटे हुए काष्ठ के छोटे-बड़े विभिन्न आकार वाले खण्डों को जोड़कर हम अखण्ड चतुष्कोण या वृत्त बना सकते हैं, परन्तु उनकी विभिन्नता नष्ट करके तथा सबको समान आकृति देकर हम उन्हें किसी पूर्ण वस्तु का आकार नहीं दे सकते, उसी प्रकार स्त्री-पुरुष के प्राकृतिक मानसिक वैपरीत्य द्वारा ही हमारा समाज सामंजस्यपूर्ण और अखण्ड हो सकता है, उनके बिम्ब प्रतिबिम्ब भाव से नहीं। उससे समाज का दृष्टिकोण एकांगी हो जाएगा तथा जीवन की अनेकरूपता का वास्तविक मूल्य आँकना असम्भव।

असंख्या विषमताओं का कारण, स्त्री का अपने स्वतन्त्र व्यक्तित्व को भूलकर विवेकशक्ति को खो देना है। उसके बिना जाने ही उसका कर्त्तव्यपथ निश्चित हो चुकता

है जिस पर चलकर न उसे सफलताजनित गर्व का अनुभव होता है, न असफलताजनित ग्लानि का। वह अपने सफलता या असफलता की छाया पुरुष की आत्मतुष्टि या असन्तोष में देखने का प्रयत्न करती है, अपने हृदय में नहीं।

हमारे यहाँ सभी माताएँ हैं, परन्तु मातृत्व की स्वाभाविक गरिमा से उन्नतमस्तक माता को खोज लेना सहज नहीं; असंख्य पत्नियाँ हैं, परन्तु जीवन की प्रत्येक दिशा में साथ देने वाली, अपने जीवन-संगी के हृदय के रहस्यमय कोने-कोने से परिचित सौभाग्य-गर्विता सहधर्मचारिणियों की संख्या उँगलियों पर गिनने-योग्य है।

अनुकरण को चरम लक्ष्य मानने वाली महिलाओं ने भी अपने व्यक्तित्व के विकास के लिए सत्पथ नहीं खोज पाया, परन्तु उस स्थिति में उसे खोज पाना सम्भव भी नहीं था। उन्हें अपने मूक छायावत् निर्जीव जीवन से ऐसी मर्मव्यथा हुई कि उसके प्रतिकार के लिए उपयुक्त साधनों के आविष्कार का अवकाश ही न मिल सका; अतः उन्होंने अपने आपको पुरुषों के समान ही कठिन बना लेने की कठोर साधना आरम्भ की। कहना नहीं होगा कि इसमें सफलता का अर्थ स्त्री के मधुर व्यक्तित्व को जलाकर उसकी भस्म से पुरुष की रुक्ष मूर्ति गढ़ लेना है। फलतः आज की विद्रोहशील नारी व्यावहारिक जीवन में अधिक कठोर है,गृह में अधिक निर्मम और शुष्क, आर्थिक दृष्टि से अधिक स्वाधीन, सामाजिक क्षेत्र में अधिक स्वच्छन्द, परन्तु अपनी निर्धारित रेखाओं की संकीर्ण सीमा की वन्दिनी है। उसकी यह धारणा कि कोमलता तथा भावुकता ऐसी लौहश्रृंखलाएँ हैं जो देखने तथा सुनने में ही कोमल जान पड़ती हैं पहनने में नहीं, उसके प्रति पुरुष समाज के विवेक और हृदयहीन व्यवहार की प्रतिक्रिया मात्र है। संसार में निरन्तर संघर्षमय जीवन वैसे ही कुछ कम नीरस तथा कटु नहीं है, फिर यदि उससे सारी सुकुमार भावनाओं का, माधुर्य का बहिष्कार कर दिया जाय तो असीम साहसी ही उसे वहन करने में समर्थ हो सकेगा, इतर जनों के जीवन को तो उस रुक्षता का भार चूर-चूर किये बिना न रहेगा। स्त्री की कोमलतामयी सदाशयता और सहानुभूति समाज के सन्तप्त जीवन के लिए शीतल अनुलेप का कार्य करती है, इसमें सन्देह नहीं।

अर्वाचीन समाज में या तो स्त्रियों में स्त्रियोचित स्वतन्त्र विवेकमय व्यक्तित्व का विकास ही नहीं हो सका है या उनकी प्रत्येक भावना में, चरित्र में, कार्य में, पुरुष की भावना, चरित्र और कार्य की प्रतिकृति झाँकती रहती है। इसी से एक का निरादर है और दूसरी से अविराम संघर्ष।

अपनी समस्त शक्तियों से पूर्ण महिमामयी महिला के सम्मुख किसी का मस्तक

आदर से नत हुए बिना नहीं रह सकता, यह अनुभव की वस्तु है, तर्क की नहीं। उपेक्षा तथा अनादर वहीं सम्भव है जहाँ उपेक्षित और अनादृत व्यक्ति उपेक्षा और अनादर करने वाले के समकक्ष या उससे न्यून होता है। परन्तु स्त्री के जिस गरिमामय व्यक्तित्व को शक्ति का नाम मिला है तथा जिसके लिए मनु को 'यत्रैतास्तु न पूज्यन्ते सर्वास्तत्राऽफला क्रिया' कहना पड़ा है, वह संसार की संकीर्णता से दूर टिमटिमाते हुए ध्रुव की तरह उपेक्षा और अनादर से बहुत ऊपर तथा स्थायी रहेगा। उसकी शक्तियों की गुरुता जानने के लिए उन्हें पुरुष की शक्तियों के साथ एक तुला पर तोलने का प्रयत्न भी भ्रान्ति से रहित नहीं; कारण, संसार की प्रत्येक वस्तु में निहित शक्ति की अभिव्यक्तियों और उसके रूपों की एकता किसी भी दशा में न सम्भव है, न उसे होना चाहिए। तूल अपने हल्केपन में कार्य की जो शक्ति छिपाये है वही लोहे की कठिनता में समाहित है; जल के चल प्रवाह में जिस शक्ति का परिचय हमें मिलता है वही पर्वत में अचलता बन कर सफलता पाती है। यदि हम अप्राकृतिक साधनों-द्वारा जल को अचल या तूल को कठिन बनाकर उनकी शक्तियों से कार्य लेना चाहें तो उनका रूप तो विकृत हो ही जाएगा, साथ ही शक्तियाँ भी परिमित हुए बिना न रहेंगी।

आधुनिक भौतिकवाद प्रधान युग की नारी को यही दुःख है कि वह पुरुष के प्रत्येक क्षेत्र में सफलता पाकर भी संसार के अनेक आश्चर्यों में एक बन गई है; उसके हृदय की एकान्त श्रद्धा की पात्री बनने का सौभाग्य उसे प्राप्त न हो सका। संसार उसे देख विस्मय से अभिभूत होकर चकित-सा ताकता रह जाता है, परन्तु नतमस्तक नहीं होता। इसका कारण उस व्यक्तित्व का अभाव है जिसके सम्मुख मानव समाज को बालक के समान स्वयं ही झुक जाना पड़ता है।

किसी-किसी की धारणा है कि अपने सर्वतोन्मुखी विकास के उपरान्त स्त्री का, पर्वत के शिखर के समान उच्च परन्तु उसी के समान एकाकी हो जाना निश्चित है, क्योंकि तब अपने जीवन की पूर्णता के लिए उसे किसी संगी की अपेक्षा ही न रहेगी। परन्तु वास्तव में यह धारणा प्रत्यक्ष सत्य का उल्लंघन कर जाती है। अपने पूर्ण से पूर्ण विकास में भी एक वस्तु दूसरी नहीं हो सकती, यही उसकी विशेषता है, अतः उससे जो भिन्न है उसका अभाव अवश्यम्भावी है। अपने पूर्ण से पूर्ण गौरव से गौरवान्वित स्त्री भी इतनी पूर्ण न होगी कि पुरुषोचित स्वभाव को भी अपनी प्रकृति में समाहित कर ले, अतएव मानव-समाज में साम्य रखने के लिए उसके अपनी प्रकृति से भिन्न स्वभाव वाले का सहयोग श्रेय रहेगा। इस दशा में प्रतिद्वन्द्विता सम्भव नहीं।

उसे अपने गुरुतम उत्तरदायित्व के अनुरूप मानसिक तथा शारीरिक विकास के लिए विस्तृत स्वाधीनता चाहिए। कारण, संकीर्णता में उसके जीवन का वैसा

सर्वतोन्मुखी विकास सम्भव ही नहीं जैसा किसी समाज की स्वस्थ व्यवस्था के लिए अनिवार्य है। मनुष्य अपने स्वभाव में कुछ संस्कार लेकर जन्म लेता है जिनके परिस्थितियों के वातावरण में, विकसित होने से उसका चरित्र बनता है। इसके अनन्तर उसके जीवन का वह अध्याय प्रारम्भ होता है जिसमें उसके चरित्रजनित गुण-दोष संसार पर प्रतिफलित होने लगते हैं और संसार के उसके जीवन पर। सबके अन्त में वह प्राकृतिक नियम के द्वारा, अनेक मधुर-कटु अनुभवों का सञ्चय कर अपने जीवन के पर्यवेक्षण को तथा अपने अनुभवों को दूसरों के मार्ग का दीपक बनाने का अवकाश पा लेता है। जिस परिस्थिति रूपी साँचे में उसके चरित्र को ढलना पड़ता है वह यदि विपरीत, अनुपयुक्त या विकृत हो तो चरित्र पर भी उसकी अमिट छाप रह जाएगी और यह कहने की आवश्यकता नहीं कि विकृत चरित्र और अनुपयुक्त मानसिक विकासवाला व्यक्ति अपने निर्दिष्ट स्थान में न स्वयं सामञ्जस्य का अनुभव करेगा, न किसी को करने देगा और अन्त में अनेक कटु अनुभवों से विषाक्त चित्त लेकर वह अन्य व्यक्तियों के मार्ग में भी शूल बिछाता चलेगा। फलतः जीवन की सबसे बड़ी और पहली आवश्यकता सामाजिक प्राणियों के स्वतन्त्र विकासानुकूल वातावरण की सृष्टि कर देना है। जिस प्रकार यह सत्य है कि व्यक्ति-द्वारा समाज निर्मित और परिवर्तित होता रहता है उसी प्रकार यह भी सत्य है कि मनुष्य समाज को लेकर नहीं, वरन् समाज में जन्म लेता है। अतएव उसका विकास ऐसा होना उचित है जिससे साधारण सामाजिक सिद्धान्तों की रक्षा भी हो सके और समयानुकूल परिवर्तन भी। पुरुष के समान स्त्री भी कुटुम्ब, समाज, नगर तथा राष्ट्र की विशिष्ट सदस्य है तथा उसकी प्रत्येक क्रिया का प्रतिफल सबके विकास में बाधा भी डाल सकता है और उनके मार्ग को प्रशस्त भी कर सकता है। प्रायः पुरुष का जीवन अधिक स्वच्छन्द वातावरण में विशिष्ट व्यक्तियों के संसर्ग द्वारा बनता है और स्त्री का संकीर्ण सीमा में परम्परागत रूढ़ियों से—जिससे न उसे अपने कुटुम्ब से बाहर किसी वस्तु का अनुभव होता है, न अपने उत्तरदायित्व का ज्ञान। कहीं यह विषमता और कहीं इसकी प्रतिक्रिया जीवन को एक निरर्थक रणक्षेत्र बनाकर उसकी सारी उर्वरता को नष्ट तथा सरसता को शुष्क किये दे रही है।

स्त्री के व्यक्तित्व में कोमलता और सहानुभूति के साथ साहस तथा विवेक का एक ऐसा सामञ्जस्य होना आवश्यक है जिससे हृदय के सहज स्नेह की अजस्र वर्षा करते हुए भी वह किसी अन्याय को प्रश्रय न देकर उसके प्रतिकार में तत्पर रह सके। ऐसा एक भी सामाजिक प्राणी न मिलेगा जिसका जीवन माता, पत्नी, भगिनी, पुत्री आदि स्त्री के किसी न किसी रूप से प्रभावित न हुआ हो। इस दशा में उसके व्यक्तित्व

को कितने गुरु उत्तरदायित्व की छाया में विकास पाना चाहिए, यह स्पष्ट है।

स्वयं अपनी इच्छा से स्वीकृत युगदीर्घ बन्धनों को काट देने के लिए हमें संसार भर की अनुमति लेने का न अवकाश है, न आवश्यकता; परन्तु इतना ध्यान रहना चाहिए कि बेड़ियों के साथ ही उसी अस्त्र से, बन्दी यदि पैर भी काट डालेगा तो उसकी मुक्ति की आशा दुराशा मात्र रह जावेगी। अपने व्यक्तित्व की, और अपनी विशेषताओं की रक्षा न करते हुए यदि हमने अपनी रक्षा कर ली, यदि उन बन्धनों के साथ हमारे जीवन का आवश्यक अंश भी घिस गया तो हमारा एक बन्धन से मुक्ति पाकर दूसरे में बँध जाना अनिवार्य हो उठेगा।

□□

व्यक्तित्व की विकासहीनता का सहायक बनकर जिसने हमें दासता की संकीर्णतम कारा में निर्वासन दे डाला है वह हमारा नागरिकता विषयक अज्ञान कहा जा सकता है।

हममें से अधिकांश को यह भी ज्ञान नहीं कि गृह की दीवारों के बाहर भी हमारा कार्यक्षेत्र हो सकता है तथा उस क्षेत्र में और अपनी गृहस्थी में उपयोगी बने रहने के लिए हमें कुछ विशेष अधिकारों की और सुविधाओं की आवश्यकता पड़ती है।

समाज तथा सामाजिक व्यक्ति सापेक्ष शब्द हैं, कारण, सामाजिक प्राणी के विकास के लिए समाज का आविर्भाव हुआ है तथा समाज के विकास के लिए व्यक्ति को अधिकार एवं सुविधाएँ प्राप्त हुई हैं। नागरिक शब्द केवल अपने शाब्दिक अर्थ में प्रयुक्त न होकर इतना व्यापक हो गया है कि उससे केवल नगर-निवासी का बोध न होकर न्याय और कानून-सम्बन्धी अनेक अधिकार एवं सामाजिक उत्तरदायित्व से युक्त व्यक्ति का ज्ञान होता है। व्यक्ति, सामूहिक विकास को दृष्टि में रखते हुए शासित भी होता है और शासन में हस्तक्षेप तथा परिवर्तन करने का अधिकारी भी। अतः उससे राजनीतिक अधिकार पृथक् नहीं किये जा सकते। यदि कर लिये जायँ तो समाज में उसका वही मूल्य होगा जो किसी मूक पशु का होता है जिसे मनुष्य अपनी सुविधा के लिए पालता है और इस प्रकार उसके जंगली जीवन को बलात् कभी सामाजिक जीवन से जोड़ लेता है और कभी स्वयं ही उस बन्धन को तोड़ डालता है।

अनेक सम्बन्धों का केन्द्र होने तथा परिवार और समाजविशेष से सम्बद्ध रहने के कारण उसे सामाजिक विकास के लिए भी विशेष अधिकार और उत्तरदायित्व प्राप्त हो जाना अनिवार्य है। अतः नागरिक को राजनीतिक तथा सामाजिक दोनों क्षेत्रों में समान रूप से अपना स्थान तथा कर्त्तव्य जान लेना और उसमें संशोधन या परिवर्तन के लिए स्वाधीनता प्राप्त कर लेना नितान्त आवश्यक है। नागरिक होने के कारण स्त्री को भी इन दोनों ही अधिकारों की आवश्यकता सदा से रही है और रहेगी, परन्तु प्राचीन काल से अब तक उसके अनुकूल स्वत्वों को देने तथा समयानुसार उनमें परिवर्तन की सुविधाएँ सहज करने की ओर कभी किसी का ध्यान नहीं गया।

शासन-विधान ने उसे न्याय तथा कानून-विषयक कैसी सुविधाएँ प्रदान की थीं, यह तो उन शास्त्रों से प्रकट हो जाएगा जिनके आधार पर आज भी उसे अनेक कष्ट

सहने पर बाध्य किया जा रहा है। प्राचीन रोम और यूनान के स्वायत्त-शासन में भी स्त्रियों को किसी अधिकार के योग्य नहीं समझा गया था, यह इतिहास से प्रत्यक्ष हो जाता है।

वास्तव में नवीन युग के अनेक सन्देशों में, स्त्रियों को भी पुरुषों के समान नागरिक अधिकारों के योग्य समझने की अस्पष्ट भावना भी सन्निहित है।

इस विचार को अब तक भिन्न-भिन्न देशों में कितना क्रियात्मक रूप मिल चुका है यह प्रत्येक जिज्ञासु को ज्ञात होगा। पश्चिमीय तथा पूर्वीय जाग्रत देशों में स्त्रियों ने उन बेड़ियों को काट डाला है जिनमें पुरुषों ने बर्बरता के युग में उन्हें बाँध कर अपने स्वामित्व का क्रूर प्रदर्शन किया था। उन देशों की महिलाएँ राजनीतिक तथा सामाजिक दोनों ही प्रकार के अधिकारों द्वारा अपनी शक्तियों का विकास कर, गृह तथा बाह्य संसार में पुरुषों की सहयोगिनी बनकर अपने देश और जाति के उत्कर्ष का कारण बन रही हैं, अपकर्ष का नहीं।

जिसकी सभ्यता की प्राचीनता प्रख्यात है केवल उसी हमारे देश में अब तक इस भावना की ऐसी धुँधली रूप-रेखा है कि हजार स्त्रियों में कदाचित् एक भी इससे परिचित न होगी।

कानून हमारे स्वत्वों की रक्षा का कारण न बनकर चीनियों के काठ के जूते की तरह हमारे ही जीवन के आवश्यक तथा जन्मसिद्ध अधिकारों को संकुचित बनाता जा रहा है। सम्पत्ति के स्वामित्व से वञ्चित असंख्य स्त्रियों के सुनहले भविष्यमय जीवन कीटाणुओं से भी तुच्छ माने जाते देख कौन सहृदय रो न देगा? चरम दुरवस्था के सजीव निदर्शन हमारे यहाँ के सम्पन्न पुरुषों की विधवाओं और पैतृक धन के रहते हुए भी दरिद्र पुत्रियों के जीवन हैं। स्त्री पुरुष के वैभव की प्रदर्शिनी मात्र समझी जाती है और बालक के न रहने पर जैसे उसके खिलौने निर्दिष्ट स्थानों से उठाकर फेंक दिये जाते हैं उसी प्रकार एक पुरुष के न होने पर न स्त्री के जीवन का कोई उपयोग ही रह जाता है, न समाज या गृह में उसको कहीं निश्चित स्थान ही मिल सकता है। जब जला सकते थे तब इच्छा या अनिच्छा से उसे जीवित ही भस्म करके स्वर्ग में पति के विनोदार्थ भेज देते थे, परन्तु अब उसे मृत पति का ऐसा निर्जीव स्मारक बन कर जीना पड़ता है जिसके सम्मुख श्रद्धा से नतमस्तक होना तो दूर रहा कोई उसे मलिन करने की इच्छा भी रोकना नहीं चाहता।

यदि उन्हें अर्थ-सम्बन्धी वे सुविधाएँ प्राप्त हो सकें जो पुरुषों को मिलती आ रही हैं तो न उनका जीवन उनके निष्ठुर कुटुम्बियों के लिए भार बन सकेगा और न

वे गलित अंग के समान समाज से निकाल कर फेंकी जा सकेंगी, प्रत्युत् वे अपने शून्य क्षणों को देश के सामाजिक तथा राजनीतिक उत्कर्ष के प्रयत्नों से भर कर सुखी रह सकेंगी।

युगों के अनवरत प्रवाह में बड़े-बड़े साम्राज्य बह गये, संस्कृतियाँ लुप्त हो गईं, जातियाँ मिट गईं, संसार में अनेक असम्भव परिवर्तन सम्भव हो गये, परन्तु भारतीय स्त्रियों के ललाट में विधि की वज्रलेखनी से अंकित अदृष्ट लिपि नहीं धुल सकी। आज भी जब सारा गतिशील संसार निरन्तर परिवर्तन की अनिवार्यता प्रमाणित कर रहा है, स्त्रियों के जीवन को काट-छाँटकर उसी साँचे के बराबर बनाने का प्रयत्न हो रहा है जो प्राचीनतम युग में ढाला गया था। प्राचीनता की पूजा बुरी नहीं, उसकी दृढ़ नींव पर नवीनता की भित्ति खड़ी करना भी श्रेयस्कर है, परन्तु उसकी दुहाई देकर जीवन को संकीर्णतम बनाते जाना और विकास के मार्ग को चारों ओर से रुद्ध कर लेना किसी जीवित व्यक्ति पर समाधि बना देने से भी अधिक क्रूर और विचारहीन कार्य है।

हमारे उद्देश्यों के रूप चाहे जितने परिवर्तित जान पड़ें, सफलताओं और विफलताओं की संख्या चाहे जितनी न्यूनाधिक हो, परन्तु हमारा आगे बढ़ते जाना ध्रुव है, इसमें सन्देह नहीं। जीवन की सफलता, अतीत से शिक्षा लेकर अपने आपको नवीन वातावरण के उपयुक्त बना लेने, नवीन समस्याओं को सुलझा लेने में है—केवल उनके अन्धानुसरण में नहीं। अतः अब स्त्रियों से सम्बद्ध अनेक प्राचीन वैधानिक व्यवस्थाओं में संशोधन तथा अर्वाचीनों का निर्माण आवश्यक है।

शासन व्यवस्था में भी उन्हें स्थान न मिलने से आधा नागरिक समाज प्रतिनिधि-हीन रह जाएगा; कारण अपने स्वत्वों के रूप तथा आवश्यकताओं से स्त्रियाँ जितनी परिचित हो सकती हैं उतने पुरुष नहीं। परन्तु स्थान मिलने का अर्थ यह नहीं है कि उन्हें केवल पुरुष-परिषदों को अलंकृत करने के लिए रखा जाय। वास्तव में उनका पर्याप्त संख्या में रह कर अपनी अन्य बहिनों के हित-अनहित-विषयक अस्पष्ट विचारों को स्पष्ट करना और उन्हें क्रियात्मक रूप-रेखा देना ही समाज के लिए हितकर सिद्ध हो सकेगा।

सामाजिक अधिकारों के लिए भी यही सत्य है। जो बन्धन पुरुषों की स्वेच्छाचारिता के लिए इतने शिथिल होते हैं कि उन्हें बन्धन का अनुभव ही नहीं होता वे ही बन्धन स्त्रियों को परावलम्बिनी दासता में इस प्रकार कस देते हैं कि उनकी सारी जीवनी शक्ति शुष्क और जीवन नीरस हो जाता है। समस्त सामाजिक नियम मनुष्य की नैतिक उन्नति तथा उसके सर्वतोन्मुखी विकास के लिए आविष्कृत किये गये हैं। जब वे ही मनुष्य

के विकास में बाधा डालने लगते हैं तब उनकी उपयोगिता ही नहीं रह जाती। उदाहरणार्थ विवाह की संस्था पवित्र है, उसका उद्देश्य भी उच्चतम है; परन्तु जब वह व्यक्तियों के नैतिक पतन का कारण बन जावे तब अवश्य ही उसमें किसी अनिवार्य संशोधन की आवश्यकता समझनी चाहिए। हमारी अनेक रूढ़ियाँ सामाजिक और वैयक्तिक विकास में सहायक न बनकर उसके मार्ग में नित्य नवीन बाधाएँ खड़ी करती रहती हैं। अनेक व्यवस्थाएँ जिन्हें हमने आपत्ति-धर्म मात्र समझकर स्वीकार कर लिया था, अब भी हमारे जीवन को छाया में अंकुरित और धूप से दूर रखे जाने वाले पौधे के समान शीर्ण बनाकर विकसित ही नहीं होने देतीं। अतः उसी शीत और विकास-शून्य छाया में पल-कर हमारी सन्तान भी निस्तेज तथा उत्साहहीन बनती जा रही है। इस दशा में हमारा मिथ्या परम्परा की दुहाई देते रहना केवल व्यक्तियों के लिए नहीं वरन् समाज और राष्ट्र के लिए भी घातक सिद्ध होगा।

जो जाग चुका है वह अधिक समय तक सोते हुए का अभिनय नहीं करता रह सकता। हमारी जाग्रत बहिनों में से कुछ ने विद्रोह आरम्भ कर दिया है और कुछ उसके लिए सुयोग ढूँढ़ रही हैं। जो देश के भावी नागरिकों की विधाता हैं, उनकी प्रथम और परम गुरु हैं, जो जन्म भर अपने आपको मिटाकर, दूसरों को बनाती रहती हैं वे केवल तभी तक आदरहीन मातृत्व तथा अधिकार-शून्य पत्नीत्व स्वीकार करती रह सकेंगी, जब तक उन्हें अपनी शक्तियों का बोध नहीं होता। बोध होने पर वे बन्दिनी बनाने वाली श्रृंखलाओं को स्वयं तोड़ फेंकेंगी। परन्तु उस दशा में अशान्ति और संघर्ष अवश्यम्भावी है जिसके कारण बहुत समय तक समाज की सुचारु व्यवस्था होनी कठिन हो जावेगी। अतः सामाजिक अधिकारों का फिर से निरीक्षण तथा उनमें से समय के प्रतिकूल परिस्थितियों को दूर करने का प्रयास ही भविष्य के लिए श्रेयस्कर हो सकेगा। समाज अपने आधे उत्तमांग की अवज्ञा करके कितने दिन जीवित रह सकेगा, यह कहना बाहुल्य मात्र है। पुरुष तथा स्त्री के कार्यक्षेत्र पृथक्-पृथक् परन्तु समान रूप से महत्त्वपूर्ण हैं। ऐसी दशा में यदि महत्त्वपूर्ण कर्त्तव्य का पालन करके भी स्त्री को पुरुष की दासता तथा पद-पद पर अपमान का कटु अनुभव करना होगा तो उसका अपने कार्यक्षेत्र को तिलांजलि दे देना स्वाभाविक ही है। यदि पुरुष धनोपार्जन कर अपने कर्त्तव्य का पालन करता हुआ समाज तथा देश का आवश्यक और उपयोगी अंग समझा जाता है, राजनीतिक तथा सामाजिक अधिकारों का यथेष्ट उपभोग कर सकता है तो स्त्री गृह में भविष्य के लिए अनिवार्य सन्तान का पालन-पोषण कर अपने गुरु कर्त्तव्य का भार वहन करती हुई इन सब अधिकारों से अपरिचित तथा वंचित क्यों रखी जाती है? संसार के और उसके बीच में ऐसी काली अभेद्य

यवनिका क्यों डाल दी जाती है जिसके कारण अपने गृह की संकुचित सीमा के अतिरिक्त और किसी वस्तु से उसका परिचय हो सकना असम्भव है?

संसार की प्रगति से अनभिज्ञ, अनुभव-शून्य, पिंजरबद्ध पक्षी के समान अधिकार-विहीन, रुग्ण, अज्ञान नारी से फिर शक्ति-सम्पन्न सृष्टि की आशा की जाती है, जो मृगतृष्णा से तृप्ति के प्रयास के समान ही निष्फल सिद्ध होगी।

हमारे समाज में सम्पन्न से लेकर श्रमजीवी नारियों तक अज्ञान एकरस और व्यापक है!

सम्पन्न महिलाएँ अपने गृह तथा सन्तान की इतर व्यवस्था के लिए अनेक दास-दासियाँ रखकर केवल व्यक्तिगत विनोद और परम्परा-पालन की ओर ही ध्यान देती हैं। वास्तव में इसी श्रेणी की महिलाओं में से अनेक को स्त्रियों के स्वत्वों के निरीक्षण करने का अवकाश और उस ज्ञान को सबमें फैलाने के साधन सुगमता से मिल सकते थे।

हमें प्रायः अपने देश की कुछ सम्पन्न तथा जाग्रत महिलाओं की क्रियाशीलता के समाचार ज्ञात होते रहते हैं। उनके विदेशों के कोलाहलमय जीवन और देश में वैभव से जगमगाती पार्टियों का हमें उलाहना नहीं देना है, परन्तु वास्तव में उनकी जागृति तभी अभिनन्दनीय हो सकेगी जब वे भारत की अन्धकार में भटकने वाली वाणीहीन असंख्य नारियों की प्रतिनिधि बनकर जागें और यहाँ की सम्भ्रान्त, साधारण तथा श्रमजीवी महिलाओं के अधिकारों, उन्नति के साधनों, अवनति के कारणों तथा उनसे सम्बन्ध रखनेवाले अन्य विषयों से परिचित हो सकें। उनके विकास-पथ में तभी उनकी देशवासिनियों की पलकें बिछ सकेंगी, जब वे अपने संचित ज्ञान को देश की कुटी-कुटी के द्वार पर जाकर प्रत्येक स्त्री को उपहार में देने का निश्चय करके बढ़ेंगी। अनेक ने इस दिशा में स्तुत्य प्रयास किया है, इसमें सन्देह नहीं, परन्तु कोटिशः सोती हुई स्त्रियों को जगाने का कार्य दो-एक के किये न होगा। उनके लिए सहस्रशः जागृत बहिनों को अनेक सुखों और ऐश्वर्य को ठुकरा कर अलख जगाना पड़ेगा, परन्तु इस प्रयास का परिणाम अमूल्य होगा, यह निश्चित है। हमारी मानसिक दासता, मानसिक तन्द्रा के दूर होते ही, न कोई वस्तु हमारे लिए अलभ्य रहेगी, न कोई अधिकार दुष्प्राप्य; कारण, अपने स्वत्वों से परिचित व्यक्ति को उनसे वंचित रख सकना कठिन ही नहीं असम्भव है।

हमें न किसी पर जय चाहिए, न किसी से पराजय; न किसी पर प्रभुता चाहिए, न किसी का प्रभुत्व। केवल अपना वह स्थान, वे स्वत्व चाहिए जिनका पुरुषों के

निकट कोई उपयोग नहीं है, परन्तु जिनके बिना हम समाज का उपयोगी अंग बन नहीं सकेंगी। हमारी जागृत और साधन सम्पन्न बहिनें इस दिशा में विशेष महत्त्वपूर्ण कार्य कर सकेंगी, इसमें सन्देह नहीं।

मध्यम श्रेणी की महिलाओं को गृह के इतर और महत्त्वपूर्ण दोनों प्रकार के कार्यों से इतना अवकाश ही नहीं मिलता कि वे कभी अपनी स्थिति पर विचार कर सकें। जीवन के आरम्भिक वर्ष कुछ खेल में, कुछ गृहकार्यों के सीखने में व्यतीत कर जब से वे केवल शाब्दिक अर्थवाले अपने गृह में चरण रखती हैं तब से उपेक्षा और अनादर की अजस्र वर्षा में ठिठुरते हुए मृत्यु के अन्तिम क्षण गिनती हैं। स्वत्वहीन धनिक महिलाओं को यदि सजे हुए खिलौने का सौभाग्य प्राप्त है तो साधारण श्रेणी की स्त्रियों को क्रीतदासी का दुर्भाग्य।

यदि पुरुष व्यसनी है, रोगी है तो अपने और बालकों के भरण-पोषण की समस्या मृत्यु से भीषणतर बनकर उनके सम्मुख उपस्थित हो जाती है। यदि भाग्य में वैधव्य लिखा होता है तो उनके साथ भिक्षाटन भी स्वीकार करना पड़ता है। सारांश यह है कि उन्हें किसी दशा में भी स्वावलम्बन दुर्लभ है। मानसिक सुख के साथ शारीरिक दुःख उपेक्षणीय हो सकता है और शारीरिक सुख के साथ मानसिक पीड़ा सहनीय, परन्तु दोनों सुख या दोनों दुःख मनुष्यों को जड़ बनाये बिना नहीं रहते। मध्यम गृहस्थ की गृहिणी को अपनी अनेक इच्छाएँ, अभिलाषाएँ कुचल कर जीवित रहना पड़ता है और इसके साथ ही शारीरिक क्लेशों का अन्त न होने से उनका सम्पूर्ण जीवन अज्ञान पशु के जीवन की स्मृति दिलाता रहता है। राजनीतिक अधिकारों से भी पहले उसे ऐसी सामाजिक व्यवस्था की आवश्यकता है जिससे उसके जीवन में कुछ स्वावलम्बन, कुछ आत्म-विश्वास आ सके। उसकी दुर्बलताएँ अनेक हैं और सांसारिक संघर्ष घोरतर।

श्रमजीवी श्रेणी की स्त्रियों के विषय में तो कुछ विचार करना भी मन को खिन्नता से भर देता है। उन्हें गृह का कार्य और सन्तान का पालन करके भी बाहर के कामों में पति का हाथ बटाना पड़ता है। सबेरे 6 बजे, गोद में छोटे बालक को तथा भोजन के लिए एक मोटी काली रोटी लेकर मजदूरी के लिए निकली हुई स्त्री जब 7 बजे सन्ध्या समय घर लौटती है तो संसार भर का आहत मातृत्व मानो उसके शुष्क ओठों में कराह उठता है। उसे श्रान्त, शिथिल शरीर से फिर घर का आवश्यक कार्य करते और उस पर कभी-कभी मद्यप पति के निष्ठुर प्रहारों को सहते देखकर करुणा को भी करुणा आये बिना नहीं रहती। मिलों, कारखानों आदि में काम करने वाली स्त्रियों की दुर्दशा तो प्रकट ही है। परन्तु हमारे वृहत महिला-सम्मेलन तथा बड़े-बड़े सुधार

के आयोजन उन्हें भूल जाते हैं जिनकी कार्य-पटुता के साथ अज्ञान का विचित्र संगम हो रहा है। कृषक तथा अन्य श्रमजीवी स्त्रियों की इतनी अधिक संख्या है कि बिना उनकी जागृति के हमारी जागृति अपूर्ण रहेगी और हमारे स्वत्व अर्थहीन समझे जायेंगे। उत्तराधिकार मिल जाने पर भी हमारी मजदूर स्त्रियाँ निर्धन पिता तथा दरिद्र पति से दरिद्रता के अतिरिक्त और क्या पा सकेंगी!

इनके लिए तो ज्ञान के धन की ही विशेष आवश्यकता है जिससे वे कारखानों में, मिलों में शारीरिक श्रम करती हुई भी अपने स्वत्वों की हत्या न होने दें वरन् प्रत्येक अन्याय का विरोध करने को उद्यत रहें। वे जीविकोपार्जन में असमर्थ होने के कारण विवाह नहीं करतीं प्रत्युत् एक संगी की आवश्यकता का अनुभव करके ही स्वयं गृहिणी का उत्तरदायित्व स्वीकृत कर लेती हैं। यदि उन्हें अपने स्वत्वों का वास्तविक ज्ञान हो तो उनकी अनेक दुर्दशाओं का पुरुषों द्वारा अन्त होते देर न लगे। इनकी पारिवारिक स्थिति धनिक और साधारण श्रेणी की स्त्रियों से भिन्न है। कारण, न वे अपने गृह का अलंकार मात्र समझी जाती हैं न ऐसी वस्तुएँ जिनके टूट जाने से गृहस्थ का कुछ बनता बिगड़ता ही नहीं. वे पुरुष के जीविकोपार्जन में सहयोग देती हैं, अपनी जीविका के लिए उसका मुख नहीं देखतीं। फलतः वे अपेक्षाकृत स्वावलम्बिनी हैं। इन सबमें जागृति उत्पन्न करने, उन्हें अभाव का अनुभव कराने का भार विदुषियों पर है और बहुत समय तक रहेगा।

शिक्षा, चिकित्सा आदि विभागों में कार्य करने वाली जागृत महिलाओं ने अपना एक भिन्न समाज बना डाला है जिसने उन्हें गृहिणियों के प्रति स्नेहशून्य और गृहिणियों को उनके प्रति संदिग्ध कर दिया है। न वे अपनी निर्दिष्ट संकीर्ण सीमा से बाहर पैर रखना चाहती हैं न किसी को अपने निकट आने की आज्ञा ही देती हैं। उनके विचार में गृहिणी के जिस उत्तरदायित्व या परावलम्बन से पूर्ण जीवन को उन्होंने छोड़ दिया है उसे स्वीकार करने वाली स्त्रियाँ अनादर तथा उपेक्षा के ही योग्य हैं और एक प्रकार से उनकी यह धारणा अनेक अनर्थों के लिए उत्तरदायिनी ठहरायी जा सकती है। इतनी शिक्षा, इतनी बुद्धि, इतने साधन, इतना अवकाश और स्वावलम्बन पाकर भी यदि वे अन्य बहिनों की प्रतिनिधि न बन सकीं, यदि वे उनके त्यागमय जीवन को अवज्ञा से देखती रहीं तो सारे समाज का अनिष्ट होने की सम्भावना सत्य हुए बिना न रहेगी। उनके संकीर्ण समाज में प्रवेश न पा सकने के कारण अन्य स्त्रियाँ उनके गुरु उत्तरदायित्व से अनभिज्ञ रहकर केवल उनके बाह्य शांतिपूर्ण जीवन से ईर्ष्या कर अपने जीवन को दुर्वह बना डालती हैं।

जिन विदुषी महिलाओं ने घर और बाहर दोनों प्रकार के उत्तरदायित्व को

अपनाया उनका जीवन भी प्रायः समाज का आदर्श नहीं बन पाया।

उन्होंने अपनी असमर्थता के कारण नवीन स्वतंत्र जीवन नहीं स्वीकार किया है, वरन् देश के असंख्य बालक-बालिकाओं की ज्ञानदात्री माता बनने की योग्यता के कारण, यह उन्हीं के जीवन से प्रमाणित होना आवश्यक है। आपत्ति के समय जब युवक पति सद्यःपरिणीता पत्नी को या पिता असहाय सन्तान को छोड़ कर युद्ध में प्राण देने चल पड़ता है तब क्या कोई उसे कर्त्तव्यपराङ्मुख कहकर उसकी अवज्ञा कर सकता है? आज स्त्रियों की विपन्नावस्था से आहत गौरव लेकर कुछ सुयोग्य विदुषियाँ यदि अपनी जाति की अवनति के कारण ढूँढ़ने और उन्हें दूर करने में अपना जीवन लगा देने के लिए निकल पड़ें तो क्या कोई उन पर हँसने का साहस कर सकेगा? नहीं! परन्तु इस श्रद्धा को पाने के लिए उन्हें अपने प्रत्येक कार्य को त्याग की, परार्थ की तुला पर तोलना पड़ेगा, आत्म-सुखोपभोग द्वारा उसकी गुरुता न जाँची जा सकेगी।

नारी में परिस्थितियों के अनुसार अपने बाह्य जीवन को ढाल लेने की जितनी सहज प्रवृत्ति है, अपने स्वभावगत गुण न छोड़ने की आन्तरिक प्रेरणा उससे कम नहीं—इसी से भारतीय नारी भारतीय पुरुष से अधिक सतर्कता के साथ अपनी विशेषताओं की रक्षा कर सकी है, पुरुष के समान अपनी व्यथा भूलने के लिए वह कादम्बिनी नहीं माँगती, उल्लास के स्पन्दन के लिए लालसा का ताण्डव नहीं चाहती क्योंकि दुःख को वह जीवन की शक्ति-परीक्षा के रूप में ग्रहण कर सकती है और सुख को कर्त्तव्य में प्राप्त कर लेने की क्षमता रखती है। कोई ऐसा त्याग, कोई ऐसा बलिदान और कोई ऐसी साधना नहीं जिसे वह अपने साध्य तक पहुँचने के लिए सहज भाव से नहीं स्वीकार करती रही। हमारी राष्ट्रीय जागृति इसे प्रमाणित कर चुकी है कि अवसर मिलने पर गृह के कोने की दुर्बल बन्दिनी स्वच्छन्द वातावरण में बल प्राप्त पुरुष से शक्ति में कम नहीं।

अपने कर्त्तव्य की गुरुता भली-भाँति हृदयंगम कर यदि हम अपना लक्ष्य स्थिर कर सकें तो हमारी लौह-शृंखलाएँ हमारी गरिमा से गलकर मोम बन सकती हैं, इसमें सन्देह नहीं।

□□

1931

युद्ध और नारी

बर्बरता की पहली सीढ़ी से सभ्यता की अन्तिम सीढ़ी तक युद्ध मनुष्य जाति का साथ देता आया है। मनुष्य ने अपनी संकीर्ण व्यक्तिगत स्वार्थभावना का पहला अभिनन्दन भी इसी से किया और लोकगत परार्थ-भावना की अन्तिम आराधना भी इसी से करने जा रहा है। समय के आगे बढ़ने के साथ ही उसकी पत्थर की भारी तलवार, लकड़ी, लोहे और इस्पात की बनते-बनते अब पहले से सहस्रगुण अधिक भयानक अस्त्र में परिणत हो गई; दूर के शत्रु को बेधने वाले कम तीक्ष्ण बाण मशीनगन के पूर्वज बन बैठे। इतने युगों में मानवजाति ने केवल अनेक प्रकार के वस्त्राभूषणों से अपने को सजाना, ऊँची-ऊँची गगन-चुम्बी अट्टालिकाओं में बसना, अनेक प्रकार के अप्राकृतिक सुस्वादु व्यंजनों से शरीर को पालना, जाति, वर्ण, देश, राष्ट्र आदि दीवारें खड़ी करके रहना, अनेक नियम-उपनियमों से शासित होना और शासन करना ही नहीं सीख लिया, वरन् उसने अपने मार्ग में बाधा पहुँचाने वाले व्यक्ति की प्रत्येक साँस को विषाक्त कर देने वाले अनेक उपाय भी खोज निकाले हैं। आज के विज्ञान ने उसकी प्रत्येक संहारक कल्पना को पार्थिव रूप दे दिया, प्रत्येक उड़ने वाली इच्छा को धरती से बाँध दिया और प्रत्येक निष्ठुर प्रयत्न को साकार सिद्धि में परिवर्तित कर दिया। परिणाम वही हुआ, जो होना था।

आज प्रत्येक राष्ट्र हिंसक जन्तु की तरह अपनी सद्यःजात पहली इच्छा की पूर्ति के लिए दूसरे राष्ट्र की जीवन भर की संचित संस्कृति को निगल लेने को तुला बैठा है। जब हम स्वार्थ के उस हुंकार को संसार के एक छोर से दूसरे छोर तक प्रतिध्वनित होते सुनते हैं, तब मन में यह प्रश्न उठे बिना नहीं रहता कि इन भिन्न देश और जातियों की, दुधमुँहे बालकों को आँचल की छाया में छिपाये और बड़ों को वात्सल्य से आर्द्र करती हुई माताएँ तथा आनेवाली आपत्ति की आहट सुनकर मुरझाई हुई स्नेहमयी पत्नियाँ क्या सोच रही हैं?

युद्ध स्त्रियों की मनोवृत्ति के अनुकूल है या नहीं और यदि नहीं है तो पुरुषों ने उससे सहयोग पाने के लिए क्या-क्या प्रयत्न किये, ये प्रश्न सामयिक लगने पर भी जीवन के समान ही पुराने हैं।

पुरुष का जीवन संघर्ष से आरम्भ होता है और स्त्री का आत्मसमर्पण से। जीवन

के कठोर संघर्ष में पुरुष विजयी प्रमाणित हुआ उसे स्त्री ने कोमल हाथों से जयमाल देकर स्निग्ध चितवन से अभिनन्दित करके और स्नेह-प्रवण आत्म-निवेदन से अपने निकट पराजित बना डाला।

पुरुष की शक्ति और दुर्बलता उस आदिम नारी से नहीं छिपी रही होगी जिसने पुरुष की बर्बरता को पराभूत कर उसकी सुप्त भावना को जगाया। इन पवित्र गृहों की नींव स्त्री की बुद्धि पर रखी गयी है, पुरुष की शक्ति पर नहीं। अपनी सहज बुद्धि के कारण ही स्त्री ने पुरुष के साथ अपना संघर्ष नहीं होने दिया। यदि होने दिया होता तो आज मानव-जाति की दूसरी ही कहानी होती। शारीरिक बल के अतिरिक्त उन दोनों के स्वभाव में भी भिन्नता थी। पुरुष को यदि ऐसे वृक्ष की उपमा दी जाय, जो अपने चारों ओर के छोटे-छोटे पौधों का जीवन-रस चूस-चूस कर आकाश की ओर बढ़ता जाता है तो स्त्री को ऐसी लता कहना होगा, जो पृथ्वी से बहुत थोड़ा-सा स्थान लेकर, अपनी सघनता में बहुत-से अंकुरों को पनपाती हुई उस वृक्ष की विशालता को चारों ओर से ढक लेती है। वृक्ष की शाखा-प्रशाखाओं को काट कर भी हम उसे एकाकी जीवित रख सकते हैं, परन्तु लता की, असंख्य उलझी-उलझी उपशाखाएँ नष्ट हो जाना ही उसकी मृत्यु है।

स्त्री और पुरुष के इसी स्वभाव-जनित भेद ने उन्हें एक दूसरे के निकट परिचय प्राप्त करने योग्य बना दिया। स्त्री का जो आत्म-निवेदन पुरुष को पराभूत करने के लिए हुआ था, वह सन्तान के आगमन से और भी दृढ़ हो गया। उसने देखा कि उसे एक सबल पुरुष पर शासन ही नहीं करना है, वरन् अनेक निर्बलों को भी उसके समान सबल बनाना है। उसके इस कर्त्तव्य-बोध के साथ ही गृह की नींव पड़ी। जब उसने अपने शिशु को सामने रखकर कहा कि इसे तुम्हारे समान बनाने के लिए मुझे निरन्तर धूप-शीत से बचाने वाली छाया, नियमित रूप से मिलने वाला भोजन और नियत रूप से हिंस्र पशु, शत्रु आदि से रक्षा करने वाले प्रहरी के रूप में तुम्हारी आवश्यकता है, तब पुरुष पत्तों की कुटी बनाकर, आखेट-द्वारा भोजन का प्रबन्ध करके अपनी सारी शक्ति से उस नये संसार की रक्षा करने में प्रवृत्त हुआ। पहले जिन शत्रुओं से वह निर्भीकतापूर्वक उलझ पड़ता था अब उनके सहयोग की आवश्यकता का अनुभव करने लगा। संघर्ष में जो सबल व्यक्ति अपनी रक्षा कर सकता था, वही अब सुकुमार संगिनी और कोमल शिशु को लेकर दुर्बल हो उठा, क्योंकि उसके प्रतिद्वन्द्वी उसे हानि पहुँचाने में असफल होकर उसके गृह-सौन्दर्य को नष्ट कर सकते थे। सबल ने अपने गृह की रक्षा और रक्षितों के सुख के लिए निर्बलों का सहयोग स्वीकार किया और निर्बलों ने अपने और अपने गृह दोनों के लिए। इस प्रकार हिंसक

पशु के समान युद्धपरायण मानव-जाति अपने सुख की परिधि को धीरे-धीरे बढ़ाने लगी। युद्धों का सर्वथा अन्त तो नहीं हुआ, परन्तु अब व्यक्ति अपने गृह की रक्षा के लिए तत्पर हुआ और जाति एक विशेष गृह-समूह की रक्षा के लिए मरने-मारने लगी। फिर भी स्त्री में कभी वह रक्तलोलुपता नहीं देखी गई, जिसके कारण युद्ध केवल युद्ध के लिए भी होते रहे।

वास्तव में वह पुरुष के दृष्टिकोण से युद्ध को देख ही नहीं सकती। कुछ स्वभाव के कारण और कुछ बाहर के संघर्ष में रहने के कारण पुरुष गृह में उतना अनुरक्त नहीं हो सका जितनी स्त्री हो गई थी। उसके लिए गृह का उजड़ जाना एक सुख के साधन का बिगड़ जाना हो सकता है, परन्तु स्त्री के लिए वही जीवन का उजड़ जाना है। उसने अपने आप को उसमें इतना तन्मय कर दिया था कि उसका घर उसके लिए जीवन से किसी प्रकार भी भिन्न नहीं रह गया। युद्ध गृह के लिए प्रलय है; इसी से सम्भवतः वह उससे विमुख रही है। युद्ध के लिए वीरों को जाता देखकर पुरुष सोचेगा, देश का कितना गुरु महत्त्व इनके सम्मुख है और स्त्री सोचेगी, कितने आर्तनाद से पूर्ण घर इनके पीछे हैं। एक कहेगा—यह जा रहे हैं, क्योंकि इनका देश है; दूसरा कहेगा—यह जा रहे हैं, पर इनके स्नेहमयी पत्नी और बालक हैं।

स्त्री केवल शारीरिक और मानसिक दृष्टि से ही युद्ध के अनुपयुक्त नहीं रही; वरन् युद्ध उसके विकास में भी बाधक रहा है। जिसे कल की आशा नहीं, जिसके नेत्रों में मृत्यु की छाया नाच रही है, उस सैनिक के निकट स्त्री केवल स्त्री है। उसके त्याग, तपस्या, साधना, प्रेम आदि गुणों का वह क्या करेगा! इन गुणों का विकास तो साहचर्य में ही सम्भव है। सबेरे तलवार के घाट उतरने और उतारने वाला, वीर, स्त्री की रूप-मदिरा का केवल एक घूँट चाह सकता है। वह उसके दिव्य गुणों का मूल्य आँकने का समय कहाँ पावे और यदि पा भी सके तो उन्हें कितने क्षण पास रख सकेगा! इसी से प्रायः युद्धकाल में स्त्री सम्पूर्ण स्त्री कभी नहीं बन सकी। कुरुक्षेत्र की रुधिर-स्नाता द्रौपदी न महिमामयी जननी के रूप में हमारे सम्मुख आई और न गौरवान्वित पत्नी के रूप में प्रकट हुई। वैभव की अन्य सामग्रियों के समान वह शत्रु-भय से भागते फिरने वाले पाण्डव भाइयों में बाँटी गई और युद्ध का निमित्त मात्र बनकर जीवित रहने के लिए बाध्य की गई। वास्तव में स्त्री के गुणों का चरम-विकास समाज के शांतिमय वातावरण में ही है, चाहे समय के अनुसार हम इसे न मानने पर बाध्य हों।

स्त्री के स्वभाव और गृह के आकर्षण ने पुरुष को युद्ध से कुछ विरत अवश्य किया, परन्तु इस प्रवृत्ति को पूर्णतः दबा देना सम्भव नहीं था। बाहर का संघर्ष भी

समाप्त नहीं हो सकता था। समय ने केवल स्वार्थ को विस्तृत कर दिया, फलतः व्यक्ति, जाति, देश या राष्ट्र-विशेष के स्वार्थ से अपने स्वार्थ को सम्बद्ध कर परार्थ-सिद्धि का अभिनय-सा करने लगा। सुख के साधनों के साथ पिपासा भी बढ़ी, स्वत्व की भावना के साथ अपने अधिकार को विस्तृत करने की कामना भी विस्तार पाने लगी! आज इस भौतिकवाद के वातावरण में मनुष्य बर्बर-युग के क्रूर पुरुष से अधिक भयानक हो उठा है। बाहर संघर्ष है, कर्मक्षेत्र इतना रुक्ष है कि पुरुष स्त्री और गृह को जीवन की आवश्यकताओं में एक समझता है, परन्तु उसे यह सह्य नहीं कि स्त्री उसकी अधिकार-लिप्सा में बाधक बने। उसकी इच्छा की सीमा नहीं, इसी से युद्ध-संख्या की भी सीमा नहीं तथा अन्याय और अत्याचार की भी सीमा नहीं। यदि स्त्री पग-पग पर अपने आँसुओं से उसका मार्ग गीला करती चले, तो यह पुरुष के साहस का उपहास होगा, यदि वह पल-पल में उसे कर्त्तव्य-अकर्त्तव्य सुझाया करे तो यह उसकी बुद्धि को चुनौती होगी, और यदि वह उसका साहचर्य छोड़ दे तो यह उसके जीवन की रुक्षता के लिए दुर्वह होगा।

अन्त में पुरुष ने इस बाधा को दूर करने के लिए जो सहज उपाय ढूँढ़ निकाला, उसने सभी दुश्चिन्ताओं से उसे मुक्त कर दिया। उसने एक नये आविष्कार के समान स्त्री के सम्मुख यह तर्क रखा कि तुम्हारी युद्ध-विमुखता के मूल में दुर्बलता है। तुममें शक्ति नहीं, इसी से यह कोरी भावुकता प्रश्रय पाती है। तुम्हारा आत्म-निवेदन तुम्हारी ही रक्षणीयता प्रकट करता है, अतः यह लज्जा का कारण है, गर्व का नहीं।

अपने स्वभाव की यह नवीन व्याख्या सुनकर मानो नारी ने अपने आपको एक नये दर्पण में देखा, जिसने उसे कुत्सित और दुर्बल प्रमाणित कर दिया। उसका रोम-रोम विधाता से प्रतिशोध लेने के लिए जल उठा। उसने पुरुष के निकट पुरुष का ही दूसरा रूप बन जाने की प्रतिज्ञा की। वे अस्त्र, जो निष्ठुर संहार के कारण उसे त्याज्य जान पड़ते थे, उसके आभूषण हो गये। युगों से मानवता की पाठशाला में सीखा हुआ पाठ वह क्षण में भूल गई और पुरुष ने अपने मार्ग को प्रशस्त पाया। आज के पुरुष ने स्त्री पर जो विजय पाई है, वह मानवजाति के लिए चाहे उपयोगी न हो, परन्तु उसके संकीर्ण स्वार्थ के लिए आवश्यक है।

पुरुष स्त्रियों की ऐसी सेना बना रहा है, जो समय पर उसके शिथिल हाथ से अस्त्र लेकर रक्तपात न बन्द होने देगी, सहानुभूति को गर्व के भारी पत्थर से दबाकर मनुष्यता का चीत्कार सुनेगी और स्नेह को वैभव का बन्दी बनाकर अपने आपको कृतकार्य समझेगी। सुदूर भविष्य के गर्भ में क्या है, यह तो अभी कह सकना सम्भव नहीं, परन्तु आज की निस्तब्धता में किसी आँधी की ही सूचना छिपी हो तो आश्चर्य नहीं।

इसी युग में नारी ने ऐसा वेष बनाया है, यह कहना इतिहास की उपेक्षा करना होगा। अनेक बार उसने आपत्तिकाल में अस्त्र धारण कर सृष्टा का पद छोड़कर संहारक का कार्य किया है, परन्तु भेद इतना ही है कि प्रायः वह क्षणिक आवेश बुद्धिजन्य न होकर आशंकाजन्य था। उसमें और इसमें उतना ही अन्तर है जितना प्रयत्न और सिद्धि में। पहले का भाव संस्कार नहीं बन सका था। केवल एक अधिक सुन्दर सत्य की रक्षा के लिए उसने असत्य का परिहार स्वीकार किया। था। आधुनिक युद्ध-प्रिय राष्ट्रों की नारियों में यह संस्कार जन्म पा रहा है कि करुणा, दया, स्नेह आदि स्वभाव-जात गुणों के संहार के लिए यदि पुरुष-जैसा पाशविक बल उनमें न आ सके तो उनकी जाति जीने योग्य नहीं। इसी से वह मातृ-जाति अन्य सन्तानों का गला काटने के लिए अपनी तलवार में धार देने बैठी है।

□□

1933

नारीत्व का अभिशाप

चाहे हिन्दू नारी की गौरव-गाथा से आकाश गूँज रहा हो, चाहे उसके पतन से पाताल काँप उठा हो परन्तु उसके लिए 'न सावन सूखे न भादों हरे' की कहावत ही चरितार्थ होती रही है। उसे अपने हिमालय को लजा देने वाले उत्कर्ष तथा समुद्रतल की गहराई से स्पर्धा करने वाले अपकर्ष दोनों का इतिहास आँसुओं से लिखना पड़ा है और सम्भव है भविष्य में भी लिखना पड़े। प्राचीन से प्राचीनतम काल में जब उसने त्याग, संयम तथा आत्मदान की आग में अपना सारा व्यक्तित्व, सारी सजीवता और मनुष्य-स्वभावोचित इच्छाएँ तिल-तिल गलाकर उन्हें कठोर आदर्श के साँचे में ढालकर एक देवता की मूर्ति गढ़ डाली तब भी क्या संसार विस्मित हुए या मनुष्यता कातर हुई? क्या नारी के बड़े से बड़े त्याग को, आत्म-निवेदन को, संसार ने अपना अधिकार नहीं किन्तु उसका अद्‌भुत दान समझकर नम्रता से स्वीकार किया है? कम से कम इतिहास तो नहीं बताता कि उसके किसी बलिदान को पुरुष ने उसकी दुर्बलता के अतिरिक्त कुछ और समझने का प्रयत्न किया।

अग्नि में बैठकर अपने आपको पतिप्राणा प्रमाणित करने वाली स्फटिक-सी स्वच्छ सीता में नारी की अनन्त युगों की वेदना साकार हो गई है। कौन कह सकता है, उस भागते हुए युग ने अपनी उस अलौकिक कृति, अपने मनुष्यत्व की क्षुद्र सीमा में बँधे विशाल देवत्व की ओर एक बार मुड़कर देखने का भी कष्ट सहा! मनुष्य की साधारण दुर्बलता से युक्त दीन माता का वध करते हुए न पराक्रमी परशुराम का हृदय पिघला, न मनुष्यता की असाधारण गरिमा से गुरु सीता को पृथ्वी में समाहित करते हुए राम का हृदय विदीर्ण हुआ। मानो पुरुष-समाज के निकट दोनों जीवनों का एक ही मूल्य था। एक जीवित व्यक्ति का इतना कठोर त्याग, इतना निर्मम बलिदान दूसरा हृदयवान व्यक्ति इतने अकातर भाव से स्वीकार कर सकता है, यह कल्पना में भी क्लेश देती है, वास्तविकता का तो कहना ही क्या!

इस विषमता का युगान्तरदीर्घ कारण केवल एक ही कहा जा सकता है—दुर्बलता, जिसका प्रायः कोमलता के नाम से नामकरण किया जाता है। नारी के स्वभाव में कोमलता के आवरण में जो दुर्बलता छिप गई है वही उसके शरीर में सुकुमारता बन गई। यह सत्य नहीं है कि वह इस दुर्बलता पर विजय नहीं पा सकती,

पर यह निर्विवाद सिद्ध है कि वह अनादि काल से उसे अपना अलंकार समझती रहने के कारण त्यागने पर उद्यत ही नहीं होती। उसके विचार में इसके बिना नारीत्व अधूरा है। दुर्बलता मनुष्य-जीवन का अभिशाप रही है और रहेगी। परन्तु शरीर और मन दोनों से सम्बन्ध रखने वाली दुर्बलताओं में कौन घोरतर अभिशाप है, यह कहना कठिन है। समयविशेष तथा अवस्थाविशेष के अनुसार हम पशुबल तथा मानसिक बल का प्रयोग करने पर विवश होते हैं और समय तथा अवस्था के अनुसार ही हमारे लिए मानसिक और शारीरिक दुर्बलताएँ अभिशाप सिद्ध होती रही हैं। जीवन में इन दोनों शक्तियों का समन्वय ही सफलता का विधायक रहा है अवश्य, परन्तु यह कहना असत्य न होगा कि प्रायः एक शक्ति की न्यूनता दूसरी की अधिकता से भर जाती है। विशेषकर नारी के लिए पशुबल की न्यूनता को आत्मबल से पूर्ण कर लेना स्वभावसिद्ध है। वह यदि सम्मुख युद्ध में अस्त्र-सञ्चालन-द्वारा प्रतिद्वन्द्वियों को विस्मित कर सकी है तो बिना अस्त्र के या बलदर्शन के असंख्य विपक्षियों से घिरी रहकर भी अपने सम्मान की रक्षा कर चुकी है।

नारी ने अपनी शक्ति को कभी जाना और कभी नहीं जाना। वर्तमान युग तो उसके न जानने की ही करुण कहानी है। नारीत्व की कोमलता नाम से पुकारी जाने वाली दुर्बलता के साथ सदा से बँधी हुई वेदना और तज्जनित आपत्ति प्रत्येक युग तथा प्रत्येक परिस्थिति में नवीन रूप में आती रही है, परन्तु उसकी वर्तमान दशा करुणतम है। उसके आज के और अतीत के बलिदानों में उतना ही अन्तर है जितना स्वेच्छा से स्वीकृत नारीत्व की गरिमा से गौरववती के जौहर-व्रत और बलात् लाठियों से घेर-घार कर बलिपशु के समान झोंकी जाने वाली नारी के अग्निप्रवेश में। आज की मातृशक्ति की वेदना भार से जर्जर परन्तु अपने कष्ट के कारण या निराकरण के साधनों से एकदम अनभिज्ञ मूक पशु के करुण नेत्रों से बहती हुई अश्रुधारा के समान ही निरन्तर प्रवाहित हो रही है। वह स्वयं अपनी वेदना के कारण नहीं जानती और न अपने असह्य कष्ट के प्रतिकार की भावना से परिचित है। जिन कष्टों से उसके जीवन का एक बार भी संस्पर्श हो जाता है उन्हें वह अपने कर्त्तव्य की परिधि में रख लेती है। कष्ट सहते-सहते उसमें क्लेश की तीव्रता के अनुभव करने की चेतना भी नहीं रही, उसकी उपयुक्तता, अनुपयुक्तता पर विचार करना तो दूर की बात है। हमारे समाज ने उसे पाषाणप्रतिमा के समान सर्वदा एकरूप, एकरस, जीवित मनुष्य के स्पन्दन, कम्पन और विकार से रहित होकर जीने की आज्ञा दी है, अतः युगों से इसी प्रकार जीवित रहने का प्रयास करते-करते यदि वह निर्जीव-सी हो उठी तो आश्चर्य ही क्या है! हम जब बहुत समय तक अपने किसी अंग से उसकी शक्ति से अधिक

कार्य लेते रहते हैं तो वह शिथिल और संज्ञाहीन-सा हुए बिना नहीं रहता। नारी जाति भी समाज को अपनी शक्ति से अधिक देकर अपनी सहन-शक्ति से अधिक त्याग स्वीकार करके संज्ञाहीन-सी हो गई है, नहीं तो क्या बलिष्ठ से बलिष्ठ व्यक्ति को दहला देने वाली, कठोर से कठोर व्यक्ति को रुला देने वाली यन्त्रणाएँ वह इतने मूक भाव से सहती रह सकती!

हिन्दू नारी का, घर और समाज इन्हीं दो से विशेष सम्पर्क रहता है। परन्तु इन दोनों ही स्थानों में उसकी स्थिति कितनी करुण है इसके विचारमात्र से ही किसी भी सहृदय का हृदय काँपे बिना नहीं रहता। अपने पितृगृह में उसे वैसा ही स्थान मिलता है जैसा किसी दूकान में उस वस्तु को प्राप्त होता है जिसके रखने और बेचने दोनों ही में दूकानदार को हानि की सम्भावना रहती है। जिस घर में उसके जीवन को ढलकर बनना पड़ता है, उसके चरित्र को एक विशेष रूप-रेखा धारण करनी पड़ती है, जिस पर वह अपने शैशव का सारा स्नेह ढुलकाकर भी तृप्त नहीं होती उसी घर में वह भिक्षुक के अतिरिक्त और कुछ नहीं है। दुःख के समय अपने आहत हृदय और शिथिल शरीर को लेकर वह उसमें विश्राम नहीं पाती, भूल के समय वह अपना लज्जित मुख उसके स्नेहांचल में नहीं छिपा सकती और आपत्ति के समय एक मुट्ठी अन्न की भी उस घर से आशा नहीं रख सकती। ऐसी ही है उसकी वह अभागी जन्मभूमि, जो जीवित रहने के अतिरिक्त और कोई अधिकार नहीं देती! पतिगृह, जहाँ इस उपेक्षित प्राणी को जीवन का शेष भाग व्यतीत करना पड़ता है, अधिकार में उससे कुछ अधिक परन्तु सहानुभूति में उससे बहुत कम है इसमें संदेह नहीं। यहाँ उसकी स्थिति पल भर भी आशंका से रहित नहीं। यदि वह विद्वान पति की इच्छानुकूल विदुषी नहीं है तो उसका स्थान दूसरी को दिया जा सकता है, यदि वह सौन्दर्योपासक पति की कल्पना के अनुरूप अप्सरा नहीं है तो उसे अपना स्थान रिक्त कर देने का आदेश दिया जा सकता है, यदि वह पति-कामना का विचार करके सन्तान या पुत्रों की सेना नहीं दे सकती, यदि वह रुग्ण है या दोषों का नितान्त अभाव होने पर भी पति की अप्रसन्नता की दोषी है तो भी उसे उस घर में दासत्व स्वीकार करना पड़ेगा।

इस विषय में उसके 'क्यों' का उत्तर देने को गृहस्वामी बाध्य नहीं, समाज बाध्य नहीं और धर्म भी बाध्य नहीं। यदि स्त्री ऐसे घर को, ऐसी अस्थायी स्थिति को, संतोषजनक न समझे तो उसे इन सबके निकट दोषी होना पड़ेगा। उसे अपने विषय में कुछ सोचने-समझने का अधिकार नहीं, क्योंकि उसका जीवन 'वृद्ध रोगवश जड़ धनहीना' में से जो पिता का बोझ हलका करने में समर्थ हो गया उसी को जन्म-जन्मान्तर के लिए निवेदित हो गया। चाहे वह स्वर्णपिंजर की बन्दिनी हो चाहे

लौहपिंजर की, परन्तु बन्दिनी तो वह है ही और ऐसी कि जिसके निकट स्वतन्त्रता का विचार तक पाप कहा जाएगा। 'स्त्री न स्वातंत्र्यम् अर्हति' शास्त्र ने कहा है न! जिसके चरणों में उसका जीवन निवेदित है यदि वह उसे सन्दूक में बन्द बालक की गुड़िया के समान संसार की दृष्टि से, सूर्य की धूप और पवन के स्पर्श से बचाकर रखना चाहता है तो भी सब इस कार्य के लिये उसे साधुवाद ही देना उचित समझेंगे। उनके विचार में नारी मानवी नहीं, देवी है और देवताओं को मनुष्य के लिए आवश्यक सुविधाओं का करना ही क्या है! नारी के देवत्व की कैसी विडम्बना है!

यदि दुर्भाग्य से स्त्री के मस्तक का सिन्दूर धुल गया तब तो उसके लिए संसार ही नष्ट हो गया। यह ऐसा अपराध है जिसके कारण उसे मृत्यु-दण्ड से भी भीषणतर दण्ड भोगते हुए तिल-तिल घुलकर जीवन के शेष, युग न जाने वाले क्षण व्यतीत करने होते हैं। ऐसी परिस्थिति में यदि दीर्घकाल तक गुड़िया बनी रहने वाली स्त्री मातृत्व के उत्तरदायित्व से युक्त होती है तो उसे अपने अभिशापमय जीवन के साथ अनेक दुधमुँहे बालकों को लेकर ऐसे अन्धकार में मार्ग ढूँढ़ना पड़ता है जिसमें प्रत्येक यात्री दूसरे को भ्रान्ति में डाल देना अपराध ही नहीं समझता। यदि वह अबोध बालिका है तो भी समाज और परिवार, सनातन नियम के पालन में अपने आपको राजा हरिश्चन्द्र से अधिक दृढ़प्रतिज्ञ प्रमाणित करने में पीछे न रहेंगे। जिन मानवीय दुर्बलताओं को वे स्वयं अविरत संयम और अटूट साधना से भी जीवन के अन्तिम क्षणों तक न जीत सकेंगे उन्हीं दुर्बलताओं को, किसी भूली हुई अस्पष्ट सुधि द्वारा जीत लेने का आदेश वे उन अबोध बालिकाओं को दे डालेंगे जो जीवन से अपरिचित हैं। उनकी आज्ञा है, उनके शास्त्रों की आज्ञा है और कदाचित् उनके निर्मम ईश्वर की भी आज्ञा है कि वे जीवन की प्रथम अँगड़ाई को अन्तिम प्राणायाम में परिवर्तित कर दें, आशा की पहली सुनहली किरण को विषाद के निविड़ अन्धकार में समाहित कर दें और सुख के मधुर पुलक को आँसुओं में बहा डालें। इस विराग की साधना के लिए उन्हें अनन्त प्रलोभनों से भरे हुए, वैभव से सजे हुए और बधिकों से पूर्ण स्थान के अतिरिक्त कोई एकांत स्थान भी मिल नहीं पाता।

इतने प्रकार के शारीरिक और मानसिक कष्टों को देकर भी स्त्री के दुर्भाग्य को सन्तोष नहीं हुआ, इसका प्रमाण आज की नारी-अपहरण की समस्या है। नारी-जीवन की उस करुण कहानी का इससे घोरतर उपसंहार और हो भी क्या सकता था? जिस रूप से, जिन साधनों के द्वारा इस लोमहर्षक कार्य का सम्पादन हो रहा है उसे सुनकर निर्जीव भी जाग जाते, परन्तु हमारी निद्रा तो मृत्यु की महानिद्रा को भी लजा देनेवाली हो गई है, बिना सर्वनाश के उसका टूटना सम्भव नहीं। अपहृत हिन्दू स्त्रियों में कुछ

तो ऐसी रहती हैं जिनका जीवन गृह और समाज की अमानुषिक यातनाओं से इतना दुर्वह हो जाता है कि छुटकारे का कोई भी द्वार उन्हें बुरा नहीं लगता और वे बहकावे में आकर एक नरक से बचने के लिए दूसरे नरक की शरण लेने को उद्यत हो जाती हैं! उनका आहत हृदय इतना चेतनाशून्य हो उठता है कि उसमें मानापमान का अनुभव करने की शक्ति ही नहीं रह जाती है। उन्हें तो घायल के समान क्षण भर के लिए ऐसा स्थान चाहिए जहाँ उनके शीर्ण शरीर को कुछ विश्राम मिल सके, अतः सहानुभूति के, चाहे वह सच्ची हो या झूठी, दो शब्द उन्हें बेदाम खरीद सकते हैं। यदि ऐसे हृदयों के समय पर हमीं से आश्वासन तथा सान्त्वना मिल सकती, यदि हमीं इन्हें मनुष्य समझ सकते, वर्षों से जम-जम कर इनके जीवन को पाषाण बनाने वाली आँसुओं की करुण कहानी सुन लेते और इनके असह्य दुःखभार को अपनी सहानुभूति से हल्का करने का प्रयत्न कर सकते तो आज का इतिहास कुछ और ही हो जाता। परन्तु हम पशु-पक्षियों को, पाषाणों को, अपनी सहानुभूति बाँट सकते हैं, नारी को निर्मम आदेश के अतिरिक्त और कुछ नहीं दे पाते। देवता की भूख हम समझते हैं, परन्तु मानवी की नहीं! इसके अतिरिक्त ऐसी महिलाओं की संख्या भी कम नहीं, जिनका बलात् अपहरण किये जाने पर भी खोज के लिए विशेष प्रयत्न नहीं होता। पत्रों में प्रकाशित ऐसी घटनाओं की संख्या भी कम नहीं, अप्रकाशित अपहरण कहानियों के विषय में तो कुछ कहना ही व्यर्थ है। इन अभागिनियों के उद्धार के लिए जो उपाय किया जा रहा है वह तो बहुत सराहनीय नहीं जान पड़ता। जिस समाज में ऐसी घटनाएँ 12-13 की संख्या में प्रतिदिन घटित होती हों उसके युवकों को सुख की नींद आना संसार का आठवाँ आश्चर्य है।

कुछ अधिक तर्कशील पुरुषों का कहना है कि स्त्रियों को स्वयं अपनी रक्षा करने से कौन रोकता है? इस कथन पर हँसना चाहिए या रोना, यह नहीं कहा जा सकता। युगों की कठोर यातना और निर्मम दासत्व ने स्त्रियों को अपनापन भी भुला देने पर विवश न किया होता तो क्या आज ये अपने सम्मान की रक्षा में समर्थ न हो सकतीं? आज विवश पशु के समान इन्हें हाँक ले जाना इसलिए सहज है कि ये पशुओं की श्रेणी में बैठा दी गईं और ज्ञानशून्य कर्म के अतिरिक्त और किसी वस्तु का इन्हें बोध नहीं है। आज भी इनमें जो मनुष्य कहलाने की अधिकारी हैं उन्हें अपनी रक्षा के लिए शस्त्र या सैनिक नहीं रखने पड़ते! पृथ्वी के एक छोर से दूसरे छोर तक उनकी गति अबाध है। उनके जीवन में साहस की शक्ति और आत्मसम्मान की गरिमा, प्राणों में आशा और सुनहली कल्पना है। परन्तु ऐसी सजीव नारियाँ उँगलियों पर गिनने योग्य हैं। इच्छा प्रयत्न से अन्य बहिनें भी अपनी रक्षा में स्वयं समर्थ हो सकती हैं इसमें

सन्देह नहीं, परन्तु इस इच्छा और प्रयत्न का जन्म उनके हृदय में सहज ही न हो सकेगा। वे तो आत्मनिर्भरता भूल ही चुकी हैं फिर उसकी उपयोगिता कैसे समझ सकेंगी, उनके जीवन को सुव्यवस्थित करने तथा उन्हें मनुष्यता की परिधि में लौटा लाने का प्रयत्न कुछ विदुषी बहिनें तथा पुरुष समाज ही कर सकता है। परन्तु यह न भूलना चाहिए कि जिस समय घर में आग लगती है उसी समय कुआँ खोदनेवाले को राख के अतिरिक्त और कुछ नहीं मिलता, इसी से आपत्ति का धर्म सम्पत्ति के धर्म से भिन्न कहा गया है। इस समय आवश्यकता है एक ऐसे देशव्यापी आन्दोलन की जो सबको सजग कर दे, उन्हें इस दिशा में प्रयत्नशीलता दे और नारी की वेदना का यथार्थ अनुभव करने के लिए उनके हृदय को संवेदनशील बना दे जिससे मनुष्य जाति के कलंक के समान लगने वाले इन अत्याचारों का तुरन्त अन्त हो जाय, अन्यथा नारी के लिए नारीत्व अभिशाप तो है ही।

□□□

1933

आधुनिक नारी – उसकी स्थिति पर एक दृष्टि

[1]

मध्य और नवीन युग के सन्धिस्थल में नारी ने जब पहले-पहले अपनी स्थिति पर असन्तोष प्रकट किया, उस समय उसकी अवस्था उस पीड़ित के समान थी, जिसकी प्रकट वेदना के अप्रकट कारण का निदान न हो सका हो। उसे सह्य व्यथा थी, परन्तु इस विषय में 'कहाँ' और 'क्या' का कोई उत्तर न मिलता था। अधिक गूढ़ कारणों की छान-बीन करने का उसे अवकाश भी न था, अतः उसने पुरुष से अपनी तुलना करके जो अन्तर पाया उसी को अपनी दयनीय स्थिति का स्पष्ट कारण समझ लिया। इस क्रिया से उसे अपनी व्याधि के कुछ कारण भी मिले सही, परन्तु यह धारणा नितान्त निर्मूल नहीं कि इस खोज में कुछ भूलें भी संभव हो सकीं। दो वस्तुओं का अन्तर सदैव ही उनकी श्रेष्ठता और हीनता का द्योतक नहीं होता, यह मनुष्य प्रायः भूल जाता है। नारी ने भी यही चिरपरिचित भ्रान्ति अपनाई। मनोवैज्ञानिक दृष्टि से, शारीरिक विकास के विचार से और सामाजिक जीवन की व्यवस्था से स्त्री और पुरुष में विशेष अन्तर रहा है और भविष्य में भी रहेगा, परन्तु यह मानसिक या शारीरिक भेद न किसी की श्रेष्ठता का प्रतिपादन करता है और न किसी की हीनता का विज्ञापन करता है। स्त्री ने स्पष्ट कारणों के अभाव में इस अन्तर को विशेष त्रुटि समझा केवल यही सत्य नहीं है, वरन् यह भी मानना होगा कि उसने सामाजिक अन्तर का कारण ढूँढ़ने के लिए स्त्रीत्व को क्षत-विक्षत कर डाला।

उसने निश्चय किया कि वह उस भावुकता को आमूल नष्ट कर डालेगी, जिसका आश्रय लेकर पुरुष उसे रमणी समझता है, उस गृह-बन्धन को छिन्न-भिन्न कर देगी जिसकी सीमा ने उसे पुरुष की भार्या बना दिया है और उस कोमलता का नाम भी न रहने देगी जिसके कारण उसे बाह्य जगत् के कठोर संघर्ष से बचने के लिए पुरुष के निकट रक्षणीय होना पड़ा है। स्त्री ने सामूहिक रूप से जितना पुरुष जाति को दिया उतना उससे पाया नहीं, यह निर्विवाद सिद्ध है, पर इस आदान-प्रदान की विषमता के मूल में स्त्री और पुरुष की प्रकृति भी कार्य करती है, यह न भूलना चाहिए। स्त्री अत्यधिक त्याग केवल इसलिए नहीं करती, अत्यधिक सहनशील केवल इसलिए नहीं होती कि पुरुष उसे हीन समझ कर इसके लिए बाध्य करता है। यदि हम ध्यान

से देखेंगे तो ज्ञात होगा कि उसे ये गुण मातृत्व की पूर्ति के लिए प्रकृति से मिले हैं। ये अच्छे हैं या बुरे, इसकी विवेचना से विशेष अर्थ न निकलेगा, जानना इतना ही है कि ये प्राकृतिक हैं या नहीं। इस विषय में स्त्री स्वयं भी अन्धकार में नहीं है। वह अपनी प्रकृति-जनित कोमलता को त्रुटि चाहे मानती हो, परन्तु उसे स्वाभाविक अवश्य समझती है, अन्यथा उसके इतने प्रयास का कोई अर्थ न होता। परिस्थितिजन्य दोष जितने शीघ्र मिट सकते हैं उतने संस्कारजन्य नहीं मिटते, यही विचार स्त्री को आवश्यकता से अधिक कठोर बने रहने को विवश कर देता है। परन्तु यह कठिनता इतनी सयत्न होती है कि स्त्री स्वयं भी सुखी नहीं हो पाती। कवच बाहर की बाण-वर्षा से शरीर को बचाता है, परन्तु अपना भार शरीर पर डाले बिना नहीं रह सकता।

आधुनिक स्त्री ने अपने जीवन को इतने परिश्रम और यत्न से जो रूप दिया है वह कितना स्वाभाविक हो सकता है, यह कहना अभी सम्भव नहीं। हाँ, इतना कह सकते हैं कि वह बहुत सुन्दर भविष्य का परिचायक नहीं जान पड़ता। स्त्री के लिए यदि उसे किसी प्रकार उपयोगी समझ भी लिया जावे तो भावी नागरिकों के लिए उसकी उपयोगिता समझ सकना कठिन ही है।

आधुनिकता की वायु में पली स्त्री का यदि स्वार्थ में केन्द्रित विकसित रूप देखना हो तो हम उसे पश्चिम में देख सकेंगे। स्त्री वहाँ आर्थिक दृष्टि से स्वतन्त्र हो चुकी है, अतः सारे सामाजिक बन्धनों पर उसका अपेक्षाकृत अधिक प्रभुत्व कहा जा सकता है। उसे पुरुष के मनोविनोद की वस्तु बने रहने की आवश्यकता नहीं है, अतः वह चाहे तो परम्परागत रमणीत्व को तिलाञ्जलि देकर सुखी हो सकती है। परन्तु उसकी स्थिति क्या प्रमाणित कर सकेगी कि वह आदिम नारी की दुर्बलता से रहित है? सम्भवतः नहीं। शृंगार के इतने संख्यातीत उपकरण, रूप को स्थिर रखने के इतने कृत्रिम साधन, आकर्षित करने के उपहास-योग्य प्रयास आदि क्या इस विषय में कोई सन्देह का स्थान रहने देते हैं? नारी का रमणीत्व नष्ट नहीं हो सका, चाहे उसे गरिमा देनेवाले गुणों का नाश हो गया हो। यदि पुरुष को उन्मत्त कर देने वाले रूप की इच्छा नहीं मिटी, उसे बाँध रखनेवाले आकर्षण की खोज नहीं की गई तो फिर नारीत्व की ही उपेक्षा क्यों की गई, यह कहना कठिन है। यदि भावुकता ही लज्जा का कारण थी तो उसे समूल नष्ट कर देना था, परन्तु नारी ऐसा करने में भी असमर्थ रही। जिस कार्य को वह बहुत सफलतापूर्वक कर सकी है वह प्रकृति से विकृति की ओर जाना मात्र था। वह अपनी प्रकृति को वस्त्रों के समान जीवन का बाह्य आच्छादनमात्र बनाना चाहती है, जिसे इच्छा और आवश्यकता के अनुसार जब चाहे पहना या उतारा जा सके। बाहर के संघर्षमय जीवन में जिस पुरुष को नीचा दिखाने के लिए वह सभी

क्षेत्रों में कठिन से कठिन परिश्रम करेगी, जीवन-यापन के लिए आवश्यक प्रत्येक वस्तु को अपने स्वेदकणों से तौल कर स्वीकार करेगी, उसी पुरुष में नारी के प्रति जिज्ञासा जाग्रत रखने के लिए वह अपने सौन्दर्य और अंग-सौष्ठव के रक्षार्थ असाध्य से असाध्य कार्य करने के लिए प्रस्तुत है। आज उसे अपने रूप, अपने शरीर और अपने आकर्षण का जितना ध्यान है उसे देखते हुए कोई भी विचारशील, स्त्री को स्वतंत्र न कह सकेगा।

स्त्री के प्रति पुरुष की एक रहस्यमयी जिज्ञासा सृष्टि के समान ही चिरन्तन है, इसे अस्वीकार नहीं किया जा सकता, परन्तु यह जिज्ञासा इनके सम्बन्ध का 'अथ' है 'इति' नहीं। प्राचीन नारी ने इस 'अथ' से आरम्भ करके पुरुष से अपने सम्बन्ध को ऐसी स्थिति में पहुँचा दिया जहाँ उन दोनों के स्वार्थ एक और व्यक्तित्व सापेक्ष हो गये। यही नारी की विशेषता थी जिसने उसे मनोविनोद के सुन्दर साधनों की श्रेणी से उठाकर गरिमामयी विधात्री के ऊँचे आसन पर प्रतिष्ठित कर दिया।

आधुनिक नारी पुरुष के और अपने सम्बन्ध को रहस्यमयी जिज्ञासा से आरम्भ करके उसे वहीं स्थिर रखना चाहती है जो सम्भवतः उसे किसी स्थायी आदान-प्रदान का अधिकार नहीं देता। सन्ध्या के रंगीन बादल या इन्द्रधनुष के रंग हमें क्षणभर विस्मय-विमुग्ध कर सकते हैं किन्तु इससे अधिक उनकी कोई सार्थकता हो सकती है, यह हम सोचना भी नहीं चाहते। आज की सुन्दर नारी भी पुरुष के निकट और कोई विशेष महत्त्व नहीं रखती। उसे स्वयं भी इस कटु सत्य का अनुभव होता है, परन्तु वह उसे परिस्थिति का दोषमात्र समझती है। आज पुरुष के निकट स्त्री प्रसाधित शृंगारित स्त्रीत्व मात्र लेकर खड़ी है, यह वह मानना नहीं चाहेगी, परन्तु वास्तव में यही सत्य है। पहले की नारीजाति केवल रूप और वय का पाथेय लेकर संसार-यात्रा के लिए नहीं निकली थी। उसने संसार को वह दिया जो पुरुष नहीं दे सकता था, अतः उसके अक्षय वरदान का वह आज तक कृतज्ञ है। यह सत्य है कि उसके अयाचित वरदान को संसार अपना जन्म-सिद्ध अधिकार समझने लगा, जिससे विकृति भी उत्पन्न हो गई, परन्तु उसके प्रतिकार के जो उपाय हुए वे उस विकृति की दूसरी ओर फेरने के अतिरिक्त और कुछ न कर सके।

पश्चिम में स्त्रियों ने बहुत कुछ प्राप्त कर लिया, परन्तु सब कुछ पाकर भी उनके भीतर की चिरन्तन नारी नहीं बदल सकी। पुरुष उसके नारीत्व की उपेक्षा करे, यह उसे भी स्वीकार न हुआ, अतः वह अथक मनोयोग से अपने बाह्य आकर्षण को बढ़ाने और स्थायी रखने का प्रयत्न करने लगी। पश्चिम की स्त्री की स्थिति में जो विशेषता है उसके मूल में पुरुष के प्रति उनकी स्पर्धा के साथ ही उसे आकर्षित करने

की प्रवृत्ति भी कार्य करती है। पुरुष भी उसकी प्रवृत्ति से अपरिचित नहीं रहा इससे उसके व्यवहार में मोह और अवज्ञा ही प्रधान हैं। स्त्री यदि रंगीन खिलौने के समान आकर्षक है तो वह विस्मय-विमुग्ध हो उठेगा, यदि नहीं तो वह उसे उपेक्षा की वस्तुमात्र समझेगा। यह कहने की आवश्यकता नहीं कि दोनों ही स्थितियाँ स्त्री के लिए अपमानजनक हैं। पश्चिमी स्त्री की स्थिति का अध्ययन कर यदि हम अपने देश की आधुनिकता से प्रभावित महिलाओं का अध्ययन करें तो दोनों ही ओर असन्तोष और उसके निराकरण में विचित्र साम्य मिलेगा।

हमारे यहाँ की स्त्री शताब्दियों से अपने अधिकारों से वञ्चित चली आ रही है। अनेक राजनीतिक और सामाजिक परिस्थितियों ने उसकी अवस्था में परिवर्तन करते-करते उसे जिस अधोगति तक पहुँचा दिया है वह दयनीयता की सीमा के अतिरिक्त और कुछ नहीं कही जा सकती। इस स्थिति को पहुँचकर भी जो व्यक्ति असन्तोष प्रकट नहीं करता उसे उस स्थिति के योग्य ही समझना चाहिए। कोमल तूल-सी वस्तु भी बहुत दबाये जाने पर अन्त में कठिन जान पड़ने लगती है। भारतीय स्त्री भी एक दिन विद्रोह कर ही उठी। उसने भी पुरुष के प्रभुत्व का कारण अपनी कोमल भावनाओं को समझा और उन्हीं को परिवर्तित करने का प्रयत्न किया। अनेक सामाजिक रूढ़ियों और परम्परागत संस्कारों के कारण उसे पश्चिमीय स्त्री के समान न सुविधाएँ मिलीं और न सुयोग, परन्तु उसने उन्हीं को अपना मार्गप्रदर्शक बनाना निश्चित किया।

शिक्षा के नितान्त अभाव और परिस्थितियों की विषमता के कारण कम स्त्रियाँ इस प्रगति को अपना सकीं और जिन्होंने इन बाधाओं से ऊपर उठकर इसे अपनाया भी उन्हें इसका बाह्य रूप ही अधिक आकर्षक लगा। भारतीय स्त्री ने भी अपने आपको पुरुष की प्रतिद्वंद्विता में पूर्ण देखने की कल्पना की, परन्तु केवल इसी रूप से उसकी चिरन्तन नारी-भावना सन्तुष्ट न हो सकी। उसकी भी प्रकृतिजन्य कोमलता अस्ति-नास्ति के बीच में डगमगाती रही। कभी उसने सम्पूर्ण शक्ति से उसे दबाकर अपनी ऐसी कठोरता प्रकट की जो उसके कुचले मर्मस्थल का विज्ञापन करती थी और कभी क्षणिक आवेश में प्रयत्नप्राप्त निष्ठुरता का आवरण उतार कर अपने अहेतुक हल्केपन का परिचय दिया। पुरुष कभी उससे वैसे ही भयभीत हुआ जैसे सज्ञान विक्षिप्त से होता है और कभी वैसे ही उस पर हँसा जैसे बड़ा व्यक्ति बालक के आयास पर हँसता है। कहना नहीं होगा कि पुरुष के ऐसे व्यवहार से स्त्री का और अधिक अनिष्ट हुआ, क्योंकि उसे अपनी योग्यता का परिचय देने के साथ-साथ अपने सज्ञान और बड़े होने का प्रमाण देने का प्रयास भी करना पड़ा।

उसके सारे प्रयत्न और आयास अपनी अनावश्यकता के कारण ही कभी-कभी

दयनीय से जान पड़ते हैं, परन्तु वह करे भी तो क्या करे! एक ओर परम्परागत संस्कार ने उसके हृदय में यह भाव भर दिया है कि पुरुष विचार, बुद्धि और शक्ति में उससे श्रेष्ठ है और दूसरी ओर उसके भीतर की नारी प्रवृत्ति भी उसे स्थिर नहीं रहने देती। इन्हीं दोनों भावनाओं के बीच में उसे अपनी ऐसी आश्चर्यजनक क्षमता का परिचय देना है जो उसे पुरुष के समकक्ष बैठा दे। अच्छा होता यदि स्त्री प्रतिद्वन्द्विता के क्षेत्र में बिना उतरे हुए ही अपनी उपयोगिता के बल पर स्वत्वों की मांग सामने रखती, परन्तु परिस्थितियाँ इसके अनुकूल नहीं थीं। जो अप्राप्त है उसे पा लेना कठिन नहीं है परन्तु जो प्राप्त था उसे खोकर फिर पाना अत्यधिक कठिन है। एक में पानेवाले की योग्यता सम्भावित रहती है दूसरे में अयोग्यता, इसी से एक का कार्य उतना श्रमसाध्य नहीं होता जितना दूसरे का। स्त्री के अधिकारों के विषय में भी यही सत्य है।

□□

[2]

इस समय हम जिन्हें आधुनिक काल की प्रतिनिधि के रूप में देखते हैं, वे महिलाएँ तीन श्रेणियों में रखी जा सकती हैं। त्रिवेणी की तीन धाराओं के समान वे एक-सी होकर भी अपनी विशेषताओं में भिन्न है। कुछ ऐसी हैं, जिन्होंने अपने युगान्तरदीर्घ बन्धनों की अवज्ञा कर पिछले कुछ वर्षों में राजनीतिक आन्दोलन को गतिशील बनाने के लिए पुरुषों को अभूतपूर्व सहायता दी; कुछ ऐसी शिक्षिताएँ हैं जिन्होंने अपनी अनुकूल परिस्थितियों में भी सामाजिक जीवन की त्रुटियों का कोई उचित समाधान न पाकर अपनी शिक्षा और जागृति को आजीविका और सार्वजनिक उपयोग का साधन बनाया और कुछ ऐसी सम्पन्न महिलाएँ हैं, जिन्होंने थोड़ी-सी शिक्षा के साथ बहुत-सी पाश्चात्य आधुनिकता का संयोग कर अपने गृहजीवन को एक नवीन साँचे में ढाला है।

यह कहना अनुचित होगा कि प्रगतिशील नारी-समाज के ये विभाग किसी वास्तविक अन्तर के आधार पर स्थित हैं, क्योंकि ऐसे विभाग ऐसी विशेषताओं पर आश्रित होते हैं, जो जीवन के गहन-तल में एक हो जाती हैं।

यह समझना कि राष्ट्रीय आन्दोलन में भाग लेने वाली स्त्रियाँ अन्य क्षेत्रों में कार्य नहीं करतीं या शिक्षा आदि क्षेत्रों में कार्य करने वाली पाश्चात्य आधुनिकता से दूर रह सकी हैं, भ्रान्तिपूर्ण धारणा के अतिरिक्त और कुछ नहीं है। वास्तव में ये श्रेणियाँ उनके बाह्य जीवन के सादृश्य के भीतर कार्य करने वाली वृत्तियों को समझने के लिए ही हैं। आधुनिकता की एकरूपता को भारतीय जाग्रत महिलाओं ने अनेक रूपों में ग्रहण किया है, जो स्वाभाविक ही था। ऐसी कोई नवीनता नहीं है, जो प्रत्येक व्यक्ति को भिन्न रूप में नवीन नहीं दिखाई देती, क्योंकि देखने वाले का भिन्न दृष्टिकोण ही उसका आधार होता है। प्रत्येक स्त्री ने अपनी असुविधा, अपने सुख-दुःख और अपने व्यक्तिगत जीवन के भीतर से इस नवीनता पर दृष्टिपात किया, अतः प्रत्येक को उसमें अपनी विशेष त्रुटियों के समाधान के चिह्न दिखाई पड़े।

इन सबके आचरणों को भिन्न-भिन्न रूप से प्रभावित करने वाले दृष्टिकोणों का पृथक्-पृथक् अध्ययन करने के उपरान्त ही हम आधुनिकता के वातावरण में विकसित नारी की कठिनाइयाँ समझ सकेंगे। उनकी स्थिति प्राचीन रूढ़ियों के बन्धन में बन्दिनी स्त्रियों की स्थिति से भिन्न जान पड़ने पर भी उससे स्पृहणीय नहीं है। उन्हें प्राचीन

विचारों का उपासक पुरुष-समाज अवहेलना की दृष्टि से देखता है, आधुनिक दृष्टिकोण वाले समर्थन का भाव रखते हुए भी क्रियात्मक सहायता देने में असमर्थ रहते हैं और उग्र विचार वाले प्रोत्साहन देकर भी उन्हें अपने साथ ले चलना कठिन समझते हैं। वस्तुतः आधुनिक स्त्री जितनी अकेली है, उतनी प्राचीन नहीं; क्योंकि उसके पास निर्माण के उपकरण मात्र हैं, कुछ भी निर्मित नहीं। चौराहे पर खड़े होकर मार्ग का निश्चय करने वाले व्यक्ति के समान वह सबका ध्यान आकर्षित करती रहती है, किसी से कोई सहायतापूर्ण सहानुभूति नहीं पाती। यह स्थिति आकर्षक चाहे जान पड़े, परन्तु सुखकर नहीं कही जा सकती।

राष्ट्रीय आन्दोलन में भाग लेने वाली महिलाओं ने आधुनिकता को राष्ट्रीय जागृति के रूप में देखा और उसी जागृति की ओर अग्रसर होने में अपने सारे प्रयत्न लगा दिये। उस उथल-पुथल के युग में स्त्री ने जो किया वह अभूतपूर्व होने के साथ-साथ उसकी शक्ति का प्रमाण भी था। यदि उसके बलिदान, उसके त्याग भूले जा सकेंगे तो उस आन्दोलन का इतिहास भी भूला जा सकेगा। इस प्रगति-द्वारा सार्वजनिक रूप से स्त्री समाज को भी लाभ हुआ। उसके चारों ओर फैली हुए/दुर्बलता नष्ट हो गई, उसकी कोरी भावुकता छिन्न-भिन्न हो गई और उसके स्त्रीत्व से शक्तिहीनता का लांछन दूर हो गया। पुरुष ने अपनी आवश्यकतावश ही उसे साथ आने की आज्ञा दी, परन्तु स्त्री ने उससे पग मिलाकर चलकर प्रमाणित कर दिया कि पुरुष ने उसकी गति पर बन्धन लगाकर अन्याय ही नहीं, अत्याचार भी किया है। जो पंगु है उसी के साथ गतिहीन होने का अभिशाप लगा है, गतिवान को पंगु बनाकर रखना सबसे बड़ी क्रूरता है।

राष्ट्र को प्रगतिशील बनाने में स्त्री ने अपना भी कुछ हित साधन किया, यह सत्य है, परन्तु इस मधु के साथ कुछ क्षार भी मिला था। उसने जो पाया वह भी बहुमूल्य है और जो खोया वह भी बहुमूल्य था, इस कथन में विचित्रता के साथ-साथ सत्य भी समाहित है।

आन्दोलन के समय जिन स्त्रियों ने आधुनिकता का आह्वान सुना उनमें सभी वर्ग की शिक्षिता और अशिक्षिता स्त्रियाँ रहीं। उनकी नेत्रियों के पास इतना अवकाश भी नहीं था कि वे उन सबके बौद्धिक विकास की ओर ध्यान दे सकतीं।

यह सत्य है कि उन्हें कठोरतम संयम सिखाया गया, परन्तु यह सैनिकों के संयम के समान एकांगी ही रहा। वे यह न जान सकीं कि युद्ध-भूमि में प्रतिक्षण मरने के लिए प्रस्तुत सैनिक का संयम, समाज में युग तक जीवित रहने के लिए इच्छुक व्यक्ति

के संयम से भिन्न है। एक बन्धनों की रक्षा के लिए प्राण देता है तो दूसरा बन्धनों की उपयोगिता के लिए जीवित रहता है। एक अच्छा सैनिक मरना सिखा सकता है और एक सच्चा नागरिक जीना, एक में मृत्यु का सौन्दर्य है और दूसरे में जीवन का वैभव। परन्तु अच्छे सैनिक का अच्छा नागरिक होना यदि अवश्यम्भावी होता तो संभवतः जीवन अधिक सुन्दर बन गया होता।

स्वभावतः सैनिक का जीवन उत्तेजनाप्रधान होगा और नागरिक का समवेदनाप्रधान। इसी से एक के लिए जो सहज है वह दूसरे के लिए असम्भव नहीं तो कष्टसाध्य अवश्य है!

आन्दोलन के युग में स्त्रियों ने तत्कालीन संयम और उससे उत्पन्न कठोरता को जीवन का आवश्यक अंग मानकर स्वीकार किया, अपने प्रस्तुत उद्देश्य का साधन मात्र मानकर नहीं। इससे उनके जीवन में जो एक रुक्षता व्याप्त हो गई है, उसने उन्हीं तक सीमित न रहकर उनके सुरक्षित गृहजीवन को भी स्पर्श किया है। वास्तव में उनमें से अधिकांश महिलाएँ रूढ़ियों के भार से दबी जा रही थीं, अतः देश की जागृति के साथ-साथ उनकी क्रांति ने भी आत्मविज्ञापन का अवसर और उसके उपयुक्त साधन पा लिये। यही उन परिस्थितियों में स्वाभाविक भी था, परन्तु वे यह स्मरण न रख सकीं कि विद्रोह, केवल जीवन के विशेष विकास का साधन होकर ही उपयोगी रह सकता है। वह सामाजिक व्यक्ति का परिचय नहीं, उसके असंतोष की अभिव्यक्ति है।

उस करुण युग के अनुष्ठान में भाग लेने वाली स्त्रियों ने जीवन की सारी सुकोमल कला नष्ट करके संसार-संग्राम में विद्रोह को अपना अमोघ अस्त्र बनाया। समाज उनके त्याग पर श्रद्धा रखता है, परन्तु उनकी विद्रोह मयी रुक्षता से सभीत है। जीवन का पहले से सुन्दर और पूर्ण चित्र उनमें नहीं मिलता, अतः अनेक आधुनिकता के पोषक भी उन्हें संदिग्ध दृष्टि से देखते हैं। अनन्त काल से स्त्री का जीवन तरल पदार्थ के समान सभी परिस्थितियों के उपयुक्त बनता आ रहा है, इसलिए उसकी कठिनता आश्चर्य और भय का कारण बन गई है। अनेक व्यक्तियों की धारणा है कि उच्छृंखलता की सीमा का स्पर्श करती हुई स्वतंत्रता, प्रत्येक अच्छे-बुरे बन्धन के प्रति उपेक्षा का भाव, अनेक अच्छे-बुरे व्यक्तियों से सख्यत्व और अकारण कठोरता आदि उनकी विशेषताएँ हैं। इस धारणा में भ्रांति का भी समावेश है, परन्तु, नितान्त निर्मूल नहीं कही जा सकती। अनेक परिवारों में जीवन की कटुता का प्रत्यक्ष कारण स्त्रियों की कठोरता का सीमातीत हो जाना ही है, यह सत्य है, परन्तु इसके लिए केवल स्त्रियाँ ही दोषी नहीं ठहराई जा सकतीं। परिस्थिति इतनी कठोर थी कि उन्हें उस पर विजय पाने के लिए कठोरतम अस्त्र ग्रहण करना पड़ा। उनमें जो विचारशील थीं,

उन्होंने प्राचीन नारियों के समान कृपाण और कंकण का संयोग कर दिया, जो नहीं थीं उन्होंने अपने स्त्रीत्व से अधिक विद्रोह पर विश्वास किया। वे जीने की कला नहीं जानतीं, परन्तु संघर्ष की कला जानती हैं, जो वास्तव में अपूर्ण है। संघर्ष की कला लेकर तो मनुष्य उत्पन्न ही हुआ है, उसे सीखने कहीं जाना नहीं पड़ता। यदि वास्तव में मनुष्य ने इतने युगों में कुछ सीखा है तो वह जीने की कला कही जा सकती है। संघर्ष जीवन का आदि हो सकता है, अन्त नहीं। इसका यह अर्थ नहीं कि संघर्षहीन जीवन ही जीवन है। वास्तव में मनुष्य जाति नष्ट करने वाले संघर्ष से अपने आपको बचाती हुई विकास करने वाले संघर्ष की ओर बढ़ती जाती है।

सामाजिक प्रगति का अर्थ भी यही है कि मनुष्य अपनी उपयोगिता बढ़ाने के साथ-साथ नष्ट करने वाली परिस्थितियों की संभावना कम करता चले। किसी परिस्थिति में वह हिम के समान अपने स्थान पर स्थिर हो जाता है और किसी परिस्थिति में वह जल के समान तरल होकर अज्ञात दिशा में बह चलता है। स्त्री का जीवन भी अपने विकास के लिए ऐसी ही अनुकूलता चाहता है, परन्तु सामाजिक जीवन में परिस्थिति की अनुकूलता में विविधता है। हम अपना एक ही केंद्र-बिन्दु बनाकर जीवन-संघर्ष में नहीं ठहर सकते और न अपना कल्याण ही कर सकते हैं। स्त्री की जीवन-शक्ति का ह्रास इसी कारण हुआ कि वह अपने आपको अनुकूल या प्रतिकूल परिस्थिति के अनुरूप बनाने में असमर्थ रही। उसने एक केंद्र-बिन्दु पर अपनी दृष्टि को तब तक स्थिर रखा, जब तक चारों ओर से परिस्थितियों ने उसकी दृष्टि नहीं रोक ली। उस स्थिति में प्रकाश से अचानक अन्धकार में आये हुए व्यक्ति के समान वह कुछ भी न देख सकी। फिर प्रकृतिस्थ होने पर उसने वही पिछला अनुभव दोहराया।

जागृति-युग की उपासिकाओं के जीवन भी इस त्रुटि से रहित नहीं रहे। उन्होंने अपनी दृष्टि का एक ही केन्द्र बना रखा है, अतः उन्हें अपने चारों ओर के संदिग्ध वातावरण को देखने का न अवकाश है और न प्रयोजन। वे समझती हैं कि वे राष्ट्रीय जागृति की अग्रदूती के अतिरिक्त और कुछ न बनकर भी अपने जीवन को सफलता के चरम सोपान तक पहुँचा देंगी। इस दिशा में उनकी गति का अवरोध करने वालों की संख्या कम नहीं रही, यह सत्य है। परन्तु इसीलिए वे अपना गन्तव्य भी नहीं देखना चाहतीं, यह कहना बहुत तर्कपूर्ण नहीं कहा जा सकता। ऐसा कोई त्याग या बलिदान नहीं जिसका उद्गम नारीत्व न रहा हो, अतः केवल त्याग के अधिकार को पाने के लिए अपने आपको ऐसा रुक्ष बना लेने की कोई आवश्यकता नहीं जान पड़ती।

जिन शिक्षिताओं ने गृह के बन्धनों की अवहेलना का सार्वजनिक क्षेत्र में अपना

मार्ग प्रशस्त किया उनकी कहानी भी बहुत कुछ ऐसी ही है। उनके सामने नवीन युग का आह्वान और पीछे अनेक रूढ़ियों का भार था। किसी विशेष त्याग या बलिदान की भावना लेकर वे नये जीवन-संग्राम में अग्रसर हुई थीं, यह कहना सत्य होगा। वास्तव में गृह की सीमा में उनसे इतना अधिक त्याग और बलिदान माँगा गया कि वे उसके प्रति विद्रोह कर उठीं। स्वेच्छा से दी हुई छोटी से छोटी वस्तु मनुष्य का दान कहलाती है, परन्तु अनिच्छा से दिया हुआ अधिक से अधिक द्रव्य भी मनुष्य का अधीनता-सूचक कर ही समझा जायगा। स्त्री को जो कुछ बलात् देना पड़ता है वह उसके दान की महिमा न बढ़ा सकेगा, वह शिक्षिता स्त्री भली-भाँति जान गई थी।

भविष्य में भारतीय समाज की क्या रूपरेखा हो, उसमें नारी की कैसी स्थिति हो, उसके अधिकारों की क्या सीमा हो आदि समस्याओं का समाधान आज की जाग्रत और शिक्षित नारी पर निर्भर है। यदि वह अपनी दुरवस्था के कारणों को स्मरण रख सके और पुरुष की स्वार्थपरता को विस्मरण कर सके तो भावी समाज का स्वप्न सुन्दर और सत्य हो सकता है, परन्तु यदि वह अपने विरोध को ही चरम लक्ष्य मान ले और पुरुष से समझौते के प्रश्न को ही पराजय का पर्याय समझ ले तो जीवन की व्यवस्था अनिश्चित और विकास का क्रम शिथिल होता जाएगा।

क्रान्ति की अग्रदूती और स्वतन्त्रता की ध्वजा-धारिणी नारी का कार्य जीवन के स्वस्थ निर्माण में शेष होगा, केवल ध्वंस में नहीं।

□□

1934

घर और बाहर

[1]

युगों से नारी का कार्यक्षेत्र घर में ही सीमित रहा। उसके कर्त्तव्य के निर्धारित करने में उसकी स्वभावजात कोमलता, मातृत्व, सन्तान-पालन आदि पर तो ध्यान रखा ही गया, साथ ही बाहर के कठोर संघर्षमय वातावरण और परिस्थितियों ने भी समाज को ऐसा ही करने पर बाध्य किया। यदि विचार कर देखा जावे तो, न उस विस्मृत युग में, जब जाति नवीन-भूमि में, अपनी जीवन-स्थिति को सुदृढ़ बना रही थी, न उस कोलाहलमय काल में, जब उसे अपने देश या सम्मान की रक्षा के लिए तलवार के घाट उतरना या उतारना पड़ता था, और न उस समय, जब हताश जाति विलास में अपने दुःख डुबा रही थी, स्त्री के जीवन के सम्मुख ऐसा विविधवर्णी क्षितिज रहा जैसा आज है या जैसा भविष्य में होने की सम्भावना है। तब उसके सामने एक ही निश्चित लक्ष्य था जिसकी पूर्ति उसे और उस समय के समाज को पूर्ण आत्मतोष दे सकती थी। चाहे द्रौपदी के समान पाँच पति स्वीकार करना हो, चाहे सीता के समान मन, वचन, कर्म और शरीर से एक ही की उपासना हो, चाहे राजपूत-रमणी का जलती चिता में जौहरव्रत हो और चाहे रीति-युग की सौंदर्य-मदिरा बनकर जीवित रहना हो; परन्तु एक समय में एक ही लक्ष्य, एक ही केन्द्रबिन्दु ऐसा रहा जिसकी ओर स्त्री के जीवन को सारी शक्तियों के साथ प्रधावित होना पड़ा। उस लक्ष्य तक पहुँच जाने में उसके जीवन की चरम सफलता थी, उस तक पहुँचने के प्रयत्न में मिट जाना उसके लिए स्तुत्य, परन्तु उस मार्ग में लौट आना या विपरीत दिशा की ओर जाने की इच्छा भी उसके लिए कलंक का कारण थी! आज उसका पहले जैसी कठोर रेखाओं में बँधा न एक रूप है और न एक कर्त्तव्य, अतः वह अपना लक्ष्य स्थिर करने के लिए अपेक्षाकृत स्वतन्त्र कही जा सकती है।

आज स्त्री का सहयोगी पुरुष न आदिम युग का ऐसा अहेरी है, जिसके लाये हुए पशु-पक्षियों को खाद्य रूप में परिवर्तित कर देने में ही उसके कर्त्तव्य की इति हो जावे, न वह वेद-काल का ऐसा गृहस्थ है, जिसके साथ यज्ञ में भाग लेना ही उसे सहधर्मचारिणी के पद तक पहुँचा सके, और न वह वीर युग का ऐसा युद्धपरायण आहत है जिसकी शिथिल और ठण्डी उँगलियों से छूटती हुई तलवार संभाल लेने में

ही उसके जीवन की सार्थकता हो, प्रत्युत् वह इस उलझन भरे यन्त्र-युग का एक सबसे अधिक उलझनमय यन्त्र बन गया है जिसके जीवन में किसी प्रकार का सहयोग भी तब तक सम्भव नहीं जब तक उसे ठीक-ठीक न समझ लिया जावे। समझ लेने पर भी सहयोग तभी सुगम हो सकेगा जब स्त्री में भी जीवन के अनेक रूपों और परिस्थितियों के साथ चलने और उनके अनुरूप परिवर्तनों को हृदयंगम करने की शक्ति उत्पन्न हो जावे।

वास्तव में स्त्री भी अब केवल रमणी या भार्या नहीं रही, वरन् घर के बाहर भी समाज का एक विशेष अंग तथा महत्त्वपूर्ण नागरिक है, अतः उसका कर्त्तव्य भी अनेकाकार हो गया है जिसके पालन में कभी-कभी ऐसे संघर्ष के अवसर आ पड़ते हैं, जिसमें किंकर्त्तव्यविमूढ़ हो जाना पड़ता है। वह क्या करे और क्या न करे, उसका कार्यक्षेत्र केवल घर है या बाहर या दोनों ही, इस समस्या का अब तक समाधान नहीं हो सका है।

उसके सामने जो अन्य प्रगतिशील देशों की जाग्रत स्त्रियाँ हैं, वे इस निष्कर्ष तक पहुँच चुकी हैं कि स्त्री के लिए घर उतना ही आवश्यक है जितना पुरुष के लिए। वह पुरुष के समान ही अपने जीवन को व्यवस्थित तथा कार्य-क्षेत्र को निर्धारित कर सकती है तथा उसका मातृत्व या पत्नीत्व उसे अपना विशिष्ट मार्ग खोजने से नहीं रोक सकता और न उसके जीवन को घर की संकीर्ण सीमा तक ही सीमित रख सकता है। भारतीय स्त्री ने अभी तक इस समस्या पर निष्पक्ष होकर वैसा विचार नहीं किया जैसा किया जाना चाहिए; परन्तु अव्यक्त और अज्ञात रूप से उसकी प्रवृत्ति भी उसी ओर होती जा रही है। हमारे यहाँ स्त्रियों में एक प्रतिशत भी साक्षरता नहीं है, इसलिए हमें इस प्रवृत्ति को भी उतनी ही कम संख्या में ढूँढ़ना चाहिए।

संसार के बड़े से बड़े, असम्भव से असम्भव परिवर्तन के आदि में इने-गिने व्यक्ति ही रहे हैं, शेष असंख्य व्यक्ति तो कुछ जानकर और कुछ अनजान में ही उनके अनुकरणशील बन जाया करते हैं। यदि किसी परिवर्तन का मूल्य या परिणाम आलोचनीय हो तो हमें उसके मूल प्रवर्तक तथा समर्थकों के दृष्टिकोण को समझ लेना उचित होगा, क्योंकि अनुकरणशील व्यक्तियों में प्रायः हमें उसका सच्चा रूप नहीं मिलता। अनुकरण तो मनुष्य का स्वभाव है, परन्तु प्रत्येक कार्य की अन्तर्निहित प्रेरणा को उसी रूप में समझ पाना अपने-अपने बौद्धिक विकास पर निर्भर है।

भविष्य में स्त्री-समाज की रूप-रेखा हमें इन्हीं विदुषियों से मिलेगी, जिन्हें हम अभी अल्पसंख्यक जानकर जानना नहीं चाहते, जिन्हें हम अपवाद मानकर समझना

नहीं चाहते। वे अपवाद हो सकती हैं, परन्तु क्रमागत व्यवस्था के विरुद्ध किसी नवीन परिवर्तन को ले आने का श्रेय ऐसे अपवादों को ही मिलता रहा है, क्योंकि ऐसे व्यक्तियों के बिना हम असम्भाव्य को साधारण या सम्भव समझ ही नहीं पाते।

यदि हम अपने ही प्रान्त की थोड़ी-सी शिक्षिता महिलाओं पर दृष्टिपात करें, तो प्रत्यक्ष हो जाएगा कि उन्होंने अधिकांश में नवीन दृष्टिकोण को ही स्वीकार कर घर-बाहर में एक सामञ्जस्य स्थापित करने का प्रयत्न किया है, चाहे परिणामतः वह प्रयत्न सफल रहा चाहे असफल, श्लाघ्य समझा गया चाहे निन्द्य। इस युग में ऐसी शिक्षिता स्त्री कठिनता से मिलेगी जिसे गृह में ऐसी आत्मतुष्टि मिल गई हो जिसको पाकर जीवन के अनेक आघातों को, जय-पराजयों को मनुष्य गर्व के साथ झेल लेता है। हमारी शिक्षित बहिनों में ऐसी भी हैं, जो केवल गृहिणीपन में सन्तोष न पाकर सार्वजनिक जीवन का उत्तरदायित्व भी सँभालती और कभी-कभी तो दूसरे कर्त्तव्यों के पालन के लिए पहले की उपेक्षा करने पर भी बाध्य हो जाती हैं, ऐसी भी हैं जो अपनी सन्तान तथा गृहस्थी की ओर यथाशक्ति ध्यान देती हुई अन्य क्षेत्रों में भी कार्य करती रहती हैं, ऐसी भी हैं जो गृहस्थ-जीवन तथा सार्वजनिक जीवन के संघर्ष से भयभीत होने के कारण पहले जीवन को स्वीकार ही नहीं करतीं तथा ऐसी भी दुर्लभ नहीं जो समस्त शिक्षा का भार लिये घर में निष्क्रिय और खिन्न, समय व्यतीत करती रहती हैं। यदि स्त्रियों के लिए अपने व्यक्तिगत अनुभवों को हृदय में ही समाहित किये रहना स्वाभाविक न होता तो सम्भव है समाज उनकी कठिनाइयाँ समझ सकता तथा उनके जीवन को अधिक सहानुभूति से देखना सीख सकता। परन्तु वर्तमान परिस्थितियों में उनके जीवन के विषय में भ्रान्तिमय धारणा बना लेना जितना सम्भव है उतना उन्हें उनके वास्तविक रूप में देखना नहीं। दरिद्र तथा श्रमजीवी इतर श्रेणी की स्त्रियों तक तो शिक्षा पहुँची ही नहीं है, परन्तु उनके सामने घर-बाहर की कोई समस्या भी नहीं है। ऐसी कोई सामाजिक तथा सार्वजनिक परिस्थिति नहीं है जिसमें वे पुरुष के साथ नहीं रह सकतीं, न ऐसी कोई गृहस्थी या जीविका से सम्बन्ध रखने वाली समस्या है, जिसमें वे पुरुष की सहयोगिनी नहीं।

यह घर तथा बाहर का प्रश्न केवल उच्च, मध्यम तथा साधारण वित्त वाले गृहस्थों की स्त्रियों से सम्बन्ध रखता है तथा ऐसी ही परिस्थितियों में सदा उन्हीं तक सीमित रहेगा। गृह की व्यवस्था और सन्तानपालन की किन सुविधाओं को ध्यान में रखकर कब किसने ऐसी सामाजिक व्यवस्था रची थी, इसकी खोज-ढूँढ़ तो हमारा कुछ समाधान कर नहीं सकती। विचारणीय यह है कि वर्तमान परिस्थितियों में क्या सम्भव है और क्या असम्भव?

पुरुष की जिस मनोवृत्ति ने उसे स्त्री को अपने ऐश्वर्य की प्रदर्शिनी बनाकर रखने पर बाध्य किया उसी ने कालान्तर में घर के कर्त्तव्यों से भी उसे अवकाश दे दिया। सम्पन्न कुलों में स्त्री को न सन्तान की विशेष देख-रेख करनी पड़ती है और न गृह की व्यवस्था। वह तो केवल स्वयं को अलंकृत करके पति या पिता के घर का अलंकार मात्र बनकर जीना जानती हैं; लिए बाहर का संसार सजीव नहीं और न वह उसके लाभ के लिए कुछ श्रम करने को स्वच्छन्द ही है। हममें से प्रायः ऐसी रानी-महारानी और अन्य सम्पन्न घरों की स्त्रियों के जीवन से परिचित होंगे, जिन्हें सुवर्ण देवता की हृदय-हीन मूर्ति की उपासना के अतिरिक्त और किसी कार्य का ज्ञान नहीं। भाग्यवश इनमें से जो कुछ शिक्षिता भी हो सकी हैं उन्हें सार्वजनिक जीवन में कुछ कर सकने की स्वतन्त्रता उतनी नहीं मिल सकी जितनी मिलनी उचित थी। इस श्रेणी की स्त्रियों के निकट भोजन बनाने और सन्तान-पालन का गुणगान कुछ महत्त्व नहीं रखता क्योंकि उनके परिवार की प्रतिष्ठा के स्वर के साथ यह गुणगान बेसुरा ही जान पड़ेगा।

मध्यम तथा निम्न मध्यम श्रेणी के गृहस्थ दम्पत्ति भी जहाँ तक उनकी आर्थिक परिस्थिति सुविधा देती है इन कर्त्तव्यों से छुटकारा पाने का प्रयत्न करते रहते हैं और इन्हें प्रतिष्ठा में बाधक समझते हैं। फिर वर्तमान युग की अनेक आर्थिक परिस्थितियों ने दास-दासियों को इतना सुलभ कर दिया है कि गृहिणी एक प्रकार से अपने उत्तरदायित्व से बहुत कुछ मुक्त हो गई है। आज प्रायः वे परिस्थितियाँ नहीं मिलतीं, जिन्होंने पुरुष का कार्य-क्षेत्र बाहर और स्त्री का गृह तक ही सीमित कर दिया था। यह हमारा अज्ञान होगा यदि हम समय की गति को न समझना चाहें और जीवन को उस गति के अनुरूप बनने को अभिशाप समझें।

जिस प्रकार सीधा पौधा कालान्तर में असंख्य शाखा-प्रशाखाओं तथा जड़ों के फैलाव से जटिल और दुरूह हो जाता है, उसी प्रकार हमारा जीवन असंख्य कर्तव्यों तथा सम्बन्धों का केन्द्र होकर पहले जैसा सरल नहीं रह सका है।

यह सत्य है कि समाज की विभिन्न परिस्थितियों, व्यक्तिगत स्वार्थ और जीविका के अस्थिर साधनों ने मनुष्य के कुटुम्ब को छोटा कर दिया है, परन्तु इसी से उसकी अन्तर्मुखी शक्तियों ने और भी अधिक बहिर्मुखी होकर घर से राष्ट्र तक या विश्व तक फैलकर आत्मतुष्टि को उतनी सुलभ नहीं रहने दिया, जितनी वह अतीत की सामाजिक, राजनीतिक या धार्मिक व्यवस्था में थी।

आज मनुष्य की प्रवृत्ति विश्वास का नहीं, तर्क का आश्रय लेकर चलना चाहती

है और चल रही है, अतः वह उन व्यवस्थाओं का मूल्य भी आँक लेना चाहती है जिनके विषय में युगों से किसी ने प्रश्न करने का साहस भी नहीं किया। जिस नरक-स्वर्ग ने मनुष्य जाति पर इतने दिनों तक निरंकुश शासन किया उसका, आज के प्रतिनिधि युवक या युवती के निकट उतना भी मूल्य नहीं है जितना दादा द्वारा कही गई गुलबकावली की कहानी का। जिन भावनाओं ने असंख्य व्यक्तियों को घोर से घोरतर बलिदान के लिए प्रेरित किया उनको भी आज मनुष्य तर्क की कसौटी पर कसने और उपयोग की तुला पर तौलने के उपरान्त ही स्वीकार करना चाहता है। जिस धार्मिक और सामाजिक व्यवस्था के प्रति मनुष्यता ने सदा से मूक भाव से मस्तक झुकाया, आज उसी को अपने रहने की भिक्षा माँगनी पड़ रही है। सारांश यह कि यह ऐसा युग है जिसमें मनुष्य सब वस्तुओं को तर्क के द्वारा समझेगा और उनकी उपयोगिता जानकर ही स्वीकार करेगा। 'ऐसा होता आया है इसीलिए ऐसा होता रहना चाहिए' इस तर्क में विश्वास करने वाले आज कम मिलेंगे और भविष्य में कदाचित् मिलेंगे भी नहीं।

स्त्री-समाज भी इस वातावरण में विकास पाने के कारण इन विशेषताओं से दूर नहीं रह सका और रहना स्वाभाविक भी नहीं कहा जा सकता था। इस तर्क-प्रवृत्ति को उसने अपनी बुद्धि के अनुसार ही ग्रहण किया है इसी से हम शिक्षित महिला-समाज में इसे जिस रूप में पाते हैं, उसी रूप में अशिक्षिताओं में नहीं पाते। जिसे देखने का अवकाश तथा बुद्धि प्राप्त है, वह स्त्री देखती है कि उसके सहयोगी पुरुष के समय का अधिकांश बाहर ही व्यतीत होता है, वह भोजन या विश्राम के अतिरिक्त घर से और किसी वस्तु की अपेक्षा नहीं रखता तथा बाहर उपार्जित ख्याति को स्थिर रखने के लिए सन्तान और उनके पालन तथा अपने विनोद के लिए पत्नी चाहता है। इसके विपरीत स्त्री को इतनी ही स्वच्छन्दता मिली है कि वह बाहर के जगत को केवल घर के झरोखे से कभी-कभी देख ले और मन में सदा यही विश्वास रखे कि वह कर्मक्षेत्र उसकी शक्तियों के अनुरूप कभी नहीं था और न भविष्य में कभी हो सकेगा। इस तर्क-प्रधान युग में ऐसी आशा करना कि सौ में से सौ स्त्रियाँ इस पर कभी आलोचना न करेंगी, या इसके विपरीत सोचने का साहस न कर सकेंगी भूल के अतिरिक्त और क्या कहा जा सकता है!

कुछ स्त्रियों ने इसी युगान्तरदीर्घ विश्वास को हृदय से लगाकर अपने असन्तोष को दबा डाला, कुछ असन्तुष्ट होने के अतिरिक्त और कुछ न कर सकीं और कुछ ने बाहर आकर कौतुक से बाह्य-जगत में अपनी शक्तियों को तोला। कौतूहलवश बाहर के संघर्षमय क्षेत्र में प्रवेश करने वाली स्त्रियों की शक्ति का ऐसा परिचय मिला कि

पुरुष-समाज ही नहीं, स्त्री भी अपने सामर्थ्य पर विस्मित हो उठी। इतने दीर्घ-काल तक निष्क्रिय रहने पर भी स्त्री ने सभी कार्य-क्षेत्रों में पुरुष के समान ही सफलता पा ली। यह अब तक प्रत्यक्ष हो चुका है कि वह अपनी कोमल भावनाओं को जीवित रखकर भी कठिन से कठिन उत्तरदायित्व का निर्वाह कर सकती है, दुर्वह से दुर्वह कर्त्तव्य का पालन कर सकती है और दुर्गम से दुर्गम कर्म-क्षेत्र में ठहर सकती है। शारीरिक और मानसिक दोनों ही प्रकार की शक्तियों का उसमें ऐसा सामंजस्य है, जो उसे कहीं भी उपहासास्पद न बनने देगा। ऐसी दशा में यह समस्या कि वह अपना कार्यक्षेत्र घर बनावे या बाहर, और भी अधिक जटिल हो उठी है।

भिन्न-भिन्न देशों ने उसे अपनी-अपनी परिस्थितियों के अनुसार सुलझाया है, परन्तु सभी ने स्त्री को उसकी खोई स्वतन्त्रता लौटा देने का प्रयत्न अवश्य किया है। हमारे देश में अभी न उनमें पूर्ण जागृति है और न इस प्रश्न का कोई समाधान ही आवश्यक जान पड़ा है। हम अपने प्राचीनतम आदर्शों को हृदय से लगाये भयभीत-से बैठे उस दिन के कभी न आने की कामना में लगे हुए हैं, जब स्त्री रसोई-घर के धुएँ से लाल आँखों में विद्युत भर पुरुष से पूछ बैठेगी—'क्या मुझसे केवल यही काम हो सकता है?'—इस दिन को रोकने के लिए हम कभी उन महिलाओं पर अनेक प्रकार के लांछन लगाने से भी नहीं चूकते जिन्होंने अपनी शक्तियों को किसी अन्य कार्य में लगाना अच्छा समझा। परन्तु उन उपायों से हम कब तक इस समस्या को भुला रखने में समर्थ रह सकेंगे, यही प्रश्न है। समाज को किसी न किसी दिन स्त्री के असन्तोष को सहानुभूति के साथ समझ कर उसे ऐसा उत्तर देना होगा जिसे पाकर वह अपने आपको उपेक्षित न माने और जो उसके मातृत्व के गौरव को अक्षुण्ण रखते हुए भी उसे नवीन युग की सन्देश-वाहिका बना सकने में समर्थ हो।

हम स्त्री के जीवन को, चारों ओर फैली हुई जटिलता में भी, आदिम काल के जीवन जैसा सरल बनाकर रखना चाहते हैं, परन्तु यह तो समाज तथा राष्ट्र के विकास की दृष्टि से सम्भव नहीं। वह घर में अन्नपूर्णा बने या न बने, केवल यही प्रश्न नहीं है, प्रत्युत् यह भी समस्या है कि यदि वह अपने वात्सल्य के कुछ अंश को बाहर के संसार को देना चाहे तो घर उसे ऐसा करने की स्वतन्त्रता देगा या नहीं और यदि देगा तो किस मूल्य पर? जब स्त्रियों को, सुशिक्षिता बनाने के लिए सुविधाएँ देने की चर्चा चली तो बहुत से व्यक्ति अगुवा बनने को दौड़ पड़े थे। यह कहना तो कठिन है इस प्रयत्न में कितना अंश अपनी ख्याति की इच्छा का था और कितना केवल स्त्रियों के प्रति सहानुभूति का; परन्तु यह हम अवश्य कह सकते हैं कि ऐसे सुधारप्रिय व्यक्तियों का दृष्टिकोण भी संकुचित ही रहा। उन्होंने वास्तव में यह नहीं देखा कि बौद्धिक

विकास के साथ स्त्रियों में स्वभावतः अपने अधिकारों और कर्त्तव्यों को फिर से जाँचने की इच्छा जागृत हो जाएगी तथा वे घर के बाहार भी कुछ विशेष अधिकार और उसके अनुरूप कार्य करने की सुविधाएँ चाहेंगी। ऐसी परिस्थिति में युगों से चली आने वाली व्यवस्था के रूप में भी कुछ अन्तर आ सकता है।

अपनी असीम विद्या-बुद्धि का भार लिये हुए एक स्त्री किसी के गृह का अलंकार मात्र बनकर संतुष्ट हो सकेगी, ऐसी आशा दुराशा के अतिरिक्त और क्या हो सकती थी। वर्तमान युग के पुरुष ने स्त्री के वास्तविक रूप को न कभी देखा था, न वह उसकी कल्पना कर सका। उसके विचार में स्त्री के परिचय का आदि अन्त इससे अधिक और क्या हो सकता था कि वह किसी की पत्नी है। कहना नहीं होगा कि इस धारणा ने ही इतने असन्तोष को जन्म देकर पाला और पालती जा रही है।

स्त्रियों के उज्ज्वल भविष्य को अपेक्षा रहेगी कि उसके घर और बाहर में ऐसा सामंजस्य स्थापित हो सके, जो उसके कर्त्तव्य को केवल घर या केवल बाहर ही सीमित न कर दे। ऐसी सामंजस्यपूर्ण स्थिति के उत्पन्न होने में अभी समय लगेगा और सम्भव है यह मध्य का समय हमारी क्रमागत सामाजिक व्यवस्था को कुछ डावाँडोल भी कर दे, परन्तु निराशा को जन्म देने वाले कारण नहीं उत्पन्न होने चाहिए।

□□

[2]

समय की गति के अनुसार न बदलने वाली परिस्थितियों ने स्त्री के हृदय में जिस विद्रोह का अंकुर जम जाने दिया है उसे बढ़ने का अवकाश यहीं घर-बाहर की समस्या दे रही है। जब तक समाज का इतना आवश्यक अंग अपनी स्थिति से असंतुष्ट तथा अपने कर्त्तव्य से विरक्त है, तब तक प्रयत्न करने पर भी हम अपने सामाजिक जीवन में सामंजस्य नहीं ला सकते। केवल स्त्री के दृष्टिकोण से ही नहीं, वरन् हमारे सामूहिक विकास के लिए भी यह आवश्यक होता जा रहा है कि स्त्री घर की सीमा के बाहर भी अपना विशेष कार्यक्षेत्र चुनने को स्वतन्त्र हो। गृह की स्थिति भी तभी तक निश्चित है जब तक हम गृहिणी की स्थिति को ठीक-ठीक समझ कर उससे सहानुभूति रख सकते हैं और समाज का वातावरण भी तभी तक सामंजस्यपूर्ण है, जब तक स्त्री तथा पुरुष के कर्त्तव्यों में सामंजस्य है।

आधुनिक युग में घर से बाहर भी ऐसे अनेक क्षेत्र हैं, जो स्त्री के सहयोग की उतनी ही अपेक्षा रखते हैं, जितनी पुरुष के सहयोग की। राजनीतिक व्यवस्थाओं तथा अन्य सार्वजनिक कार्यों में पुरुष का सहयोग देने के अतिरिक्त समाज की अन्य ऐसी अनेक आवश्यकताएँ हैं जो स्त्री से सहानुभूति और स्नेहपूर्ण सहायता चाहती है। उदाहरण के लिए हम शिक्षा के क्षेत्र को ले सकते हैं। हम अपनी आगामी पीढ़ी को निरक्षरता के शाप से बचाने के लिए अधिक से अधिक शिक्षालयों की आवश्यकता का अनुभव कर रहे हैं। आज भी श्रमजीवियों को छोड़कर प्रायः अन्य सभी अपने एक विशेष अवस्था वाले छोटे-छोटे बालक-बालिकाओं को ऐसे स्थानों में भेजने के लिए बाध्य होते हैं, जहाँ या तो दण्डधारी, कठोर आकृति वाले जीवन से असन्तुष्ट गुरु जी या अनुभवहीन हठी कुमारिकाएँ उनका निष्ठुर स्वागत करती हैं! एक विशेष अवस्था तक बालक-बालिकाओं को स्नेहमयी शिक्षिकाओं का सहयोग जितना अधिक मिलेगा, हमारे भावी नागरिकों का जीवन उतने ही अधिक सुन्दर साँचे में ढलेगा। हमारे बालकों के लिए कठोर शिक्षक के स्थान में यदि ऐसी स्त्रियाँ रहें, जो स्वयं माताएँ भी हों तो कितने ही बालकों का भविष्य इस प्रकार नष्ट न हो सकेगा जिस प्रकार आजकल हो रहा है। एक अबोध बालक या बालिका को हम एक ऐसे कठोर तथा अस्वाभाविक वातावरण में रखकर विद्वान या विदुषी बनाना चाहते हैं, जो उसकी आवश्यकता, उसकी स्वाभाविक दुर्बलता तथा स्नेह-ममता की भूख से परिचित नहीं,

अतः अन्त में हमें या तो डर से सहमे हुए या उद्दण्ड विद्यार्थी ही प्राप्त होते हैं।

यह निर्भ्रान्त सत्य है कि बालकों की मानसिक शक्तियाँ स्त्री के स्नेह की छाया में जितनी पुष्ट और विकसित हो सकती हैं, उतनी किसी अन्य उपाय से नहीं। पुरुष का अधिक सम्पर्क तो बालक को असमय ही कठोर और सतर्क बना देता है।

यहाँ यह प्रश्न हो सकता है कि यदि बालक-बालिकाओं को स्त्री के अंचल की छाया में ही पालना उचित है तो उनकी प्रारम्भिक शिक्षा का भार माता पर ही क्यों न छोड़ दिया जावे? वे एक विशेष अवस्था तक माता की देख-रेख में रहकर तब किशोरावस्था में विद्यालयों में पहुँचाये जावें तो क्या हानि है?

इस प्रश्न का उत्तर बहुत ही सरल है। मनुष्य ऐसा सामाजिक प्राणी है, जिसे केवल अपना स्वार्थ नहीं देखना है, जिसे समाज के बड़े अंश को लाभ पहुँचाने के लिए कभी-कभी अपने लाभ को भूलना पड़ता है, अपनी इच्छाओं को नष्ट कर देना होता है और अपनी प्रवृत्तियों का नियन्त्रण करना पड़ता है। परन्तु सामाजिक प्राणी के ये गुण, जो दो व्यक्तियों को प्रतिद्वन्द्वी न बनाकर सहयोगी बना देते हैं, तभी उत्पन्न हो सकते हैं जब उन्हें बालकपन से समूह में पाला जावे। जो बालक जितना अधिक अकेला रखा जाएगा, उसमें अपनी प्रवृत्तियों के दमन की, स्वार्थ को भूलने की, दूसरों को सहयोग देने तथा पाने की शक्ति उतनी ही अधिक दुर्बल होगी। ऐसा बालक कभी सच्चा सामाजिक व्यक्ति बन ही न सकेगा। मनुष्य क्या पशुओं में भी बचपन के संसर्ग से ऐसा स्नेह-सौहार्द उत्पन्न हो जाता है जिसे देखकर विस्मित होना पड़ता है। जिस सिंह-शावक को बकरी के बच्चे के साथ पाला जाता है, वह बड़ा होकर भी उससे शत्रुता नहीं कर पाता।

अकेले पाले जाने के कारण ही हमारे यहाँ बड़े आदमियों के बालक बढ़ कर खजूर के वृक्ष के समान अपनी छाया तथा फल दोनों ही से अन्य व्यक्तियों को एक प्रकार से वंचित कर देते हैं! उनमें वह गुण उत्पन्न ही नहीं हो पाता जो सामाजिक प्राणी के लिए अनिवार्य है। न उनको बचपन से सहानुभूति के आदान-प्रदान की आवश्यकता का अनुभव होता है न सहयोग का। वे तो दूसरों का सहयोग अन्य आवश्यक वस्तुओं के समान खरीद कर ही प्राप्त करना जानते हैं; स्वेच्छा से मनुष्यता के नाते जो आदान-प्रदान धनी-निर्धन, सुखी-दुखी के बीच में सम्भव हो सकता है उसे जानने का अवकाश ही उन्हें नहीं दिया जाता। बिना किसी भेद-भाव के धूल-मिट्टी, आँधी-पानी, गर्मी-सदी के साथ खेलनेवाले बालकों का एक-दूसरे के प्रति जो भाव रहता है, वह किसी और परिस्थिति में उत्पन्न ही नहीं किया जा सकता।

इसके अतिरिक्त प्रत्येक माता को केवल उसी की सन्तान का संरक्षण सौंप देने से उसके स्वाभाविक स्नेह को सीमित कर देना होगा। जिस जल के दोनों ओर कच्ची मिट्टी रहती है वह उसे भेदकर दूर तक के वृक्षों को सींच सकता है, परन्तु जिसके चारों ओर हमने चूने की पक्की दीवार खड़ी कर दी है वह अपने तट को भी नहीं गीला कर सकता। माता के स्नेह की यही दशा है। अपनी सन्तान के प्रति माता का अधिक स्नेह स्वाभाविक ही है, परन्तु निरन्तर अपनी सन्तान के स्वार्थ का चिन्तन उसमें इस सीमा तक विकृति उत्पन्न कर देता है कि वह अपने सहोदर या सहोदरा की सन्तान के प्रति भी निष्ठुर हो उठती है।

बालक-बालिकाओं के समान ही किशोरवयस्क कन्याओं और युवतियों की शिक्षा के लिए भी हमें ऐसी महिलाओं की आवश्यकता होगी, जो उन्हें गृहिणी के गुण तथा गृहस्थ-जीवन के लिए उपयुक्त कर्त्तव्यों की शिक्षा दे सकें। वास्तव में ऐसी शिक्षा उन्हीं के द्वारा दी जानी चाहिए जिन्हें गृह-जीवन का अनुभव हो और जो स्वयं माताएँ हों। आजकल हमारे शिक्षा-क्षेत्र में विशेष रूप से वे ही महिलाएँ कार्य करती हैं, जिन्हें न हमारी संस्कृति का ज्ञान है, न गृहजीवन का; अतः हमारी कन्याएँ अविवाहित जीवन का ऐसा सुनहला स्वप्न लेकर लौटती हैं जो उनके गृहजीवन को अपनी तुलना में कुछ भी सुन्दर नहीं ठहरने देगा। सम्भव है, उस जीवन को पाकर वे इतनी प्रसन्न न होतीं, परन्तु उसकी सम्भावित स्वच्छन्दता उन्हें गृह के बन्धनों से विरक्त किये बिना नहीं रहती।

जब तक हम अपने यहाँ गृहिणियों को बाहर आकर इस क्षेत्र में कुछ करने की स्वतन्त्रता न देंगे, तब तक हमारी शिक्षा में व्याप्त विष बढ़ता ही जाएगा। केवल गार्हस्थ्य-शास्त्र या सन्तान-पालन-विषयक पुस्तकें पढ़कर कोई किशोरी गृह से प्रेम करना नहीं सीख जाती, इस संस्कार को दृढ़ करने के लिए ऐसी स्त्रियों के सजीव उदाहरण की आवश्यकता है, जो आकाश के मुक्त वातावरण में स्वच्छन्द भाव से अधिक से अधिक ऊँचाई तक उड़ने की शक्ति रखकर भी बसेरे को प्यार करने वाले पक्षी के समान कार्य-क्षेत्र में स्वतन्त्र, परन्तु घर के आकर्षण से बँधी हों।

स्त्री को बाहर कुछ भी कर सकने का अवकाश नहीं है और बाहर कार्य करने से घर की मर्यादा नष्ट हो जाएगी, इस पुरानी कहानी में विशेष तथ्य नहीं है और हो भी तो नवीन युग उसे स्वीकार न कर सकेगा। यदि किसान की स्त्री घर में इतना परिश्रम करके, खेती के अनेक कामों में पति का हाथ बटा सकती है या साधारण श्रेणी के श्रमजीवियों की स्त्रियाँ घर-बाहर के कार्यों में सामंजस्य स्थापित कर सकती हैं और उनका घर वन नहीं बन जाता तो हमारे यहाँ अन्य स्त्रियाँ भी अपनी शक्ति, इच्छा तथा

अवकाश के अनुसार घर से बाहर कुछ करने के लिए स्वतन्त्र हैं। अवकाश के समय का दुरुपयोग वे केवल अपनी प्रतिष्ठा की मिथ्या भावना के कारण ही करती हैं और इस मिथ्या भावना को हम बालू की दीवार की तरह गिरा सकते हैं।

यह सत्य है कि हमारे यहाँ ऐसी सुशिक्षिता स्त्रियाँ कम हैं जो शिक्षा के क्षेत्र में तथा घर में समान रूप से उपयोगी सिद्ध हो सकती हों, परन्तु यह भी कम सत्य नहीं कि हमने उनकी शक्तियों को नष्ट-भ्रष्ट कर उनके जीवन को पंगु बनाने में कोई कसर नहीं रखी। यदि वे अपनी बहिनों तथा उनकी सन्तान के लिए शिक्षा के क्षेत्र में कुछ कार्य करें तो घर उन्हें जीवन भर के लिए निर्वासन का दण्ड देगा, जो साधारण स्त्री के लिए सबसे अधिक कष्टकर दण्ड है। यदि वे जीवन भर कुमारी रहकर सन्तान तथा सुखी गृहस्थी का मोह त्याग सकें तो इस क्षेत्र में उन्हें स्थान मिल सकता है अन्यथा नहीं। विवाह करते ही सुखी गृहस्थी के स्वप्न सच्ची हथकड़ी-बेड़ी बनकर उनके हाथ-पैर ऐसे जकड़ देते हैं कि उनमें जीवनशक्ति का प्रवाह ही रुक जाता है। किसी बड़भागी के सौभाग्य का साकार प्रमाण बनने के उपलक्ष्य में वे घूमने के लिए कार पा सकती हैं, पालने के लिए बहुमूल्य कुत्ते-बिल्ली मँगा सकती हैं और इससे अवकाश मिले तो बड़ी-बड़ी पार्टियों की शोभा बढ़ा सकती हैं, परन्तु काम करना, चाहे वह देश के असंख्य बालकों को मनुष्य बनाना ही क्यों न हो, उनके पति की प्रतिष्ठा को आमूल नष्ट कर देता है। इस भावना ने स्त्री के मर्म में कोई ठेस नहीं पहुँचाई है, यह कहना असत्य कहना होगा, क्योंकि उस दशा में विवाह से विरक्त युवतियों की इतनी अधिक संख्या कभी नहीं मिलती। कुछ व्यक्तियों में वातावरण के अनुकूल बन जाने की शक्ति अधिक होती है और कुछ में कम, इसी से किसी का जीवन निरानन्द नहीं हो सका और किसी का सानन्द नहीं बन सका। परन्तु परिस्थितियाँ प्रायः एक-सी ही रहीं।

आधुनिक शिक्षाप्राप्त स्त्रियाँ अच्छी गृहिणियाँ नहीं बन सकतीं; यह प्रचलित धारणा पुरुष के दृष्टिबिन्दु से देखकर ही बनाई गई है, स्त्री की कठिनाई को ध्यान में रखकर नहीं। एक ही प्रकार के वातावरण में पले और शिक्षा पाये हुए पति-पत्नी के जीवन तथा परिस्थितियों की यदि हम तुलना करें तो सम्भव है आधुनिक शिक्षित स्त्री के प्रति कुछ सहानुभूति का अनुभव कर सकें। विवाह से पुरुष को तो कुछ छोड़ना नहीं होता और न उसकी परिस्थितियों में कोई अन्तर ही आता है, परन्तु इसके विपरीत स्त्री के लिए विवाह मानो एक परिचित संसार छोड़कर नवीन संसार में जाना है, जहाँ उसका जीवन सर्वथा नवीन होगा। पुरुष के मित्र, उसकी जीवनचर्या, उसके कर्त्तव्य सब पहले जैसे ही रहते हैं और वह अनुदार न होने पर भी शिक्षिता पत्नी के परिचित मित्रों, अध्ययन तथा अन्य परिचित दैनिक कार्यों के अभाव को नहीं देख पाता।

साधारण परिस्थिति होने पर भी घर में इतर कार्यों से स्त्री को अवकाश रहता है, संयुक्त कुटुम्ब न होने से बड़े परिवार के प्रबन्ध की उलझनें भी नहीं घेरे रहतीं, उसके लिए पुरुष-मित्र वर्ज्य हैं, और उसे मित्र बनाने के लिए शिक्षिता स्त्रियाँ कम मिलती हैं, अतः एक विचित्र अभाव का उसे बोध होने लगता है। कभी-कभी पति के, आने-जाने जैसी छोटी बातों में, बाधा देने पर वह विरक्त भी हो उठती है। अच्छी गृहिणी कहलाने के लिए उसे केवल पति की इच्छा के अनुसार कार्य करने तथा मित्रों और कर्त्तव्य से अवकाश के समय उसे प्रसन्न रखने के अतिरिक्त और विशेष कुछ नहीं करना होता, परन्तु यह छोटा-सा कर्त्तव्य उसके महान अभाव को नहीं भर पाता।

ऐसी शिक्षिता महिलाओं के जीवन को अधिक उपयोगी बनाने तथा उनके कर्त्तव्य को अधिक मधुर बनाने के लिए हमें उन्हें बाहर भी कुछ कर सकने की स्वतन्त्रता देनी होगी। उनके लिए घर-बाहर की समस्या का समाधान आवश्यक ही नहीं अनिवार्य है, अन्यथा उनके मन की अशान्ति घर की शान्ति और समाज का स्वस्थ वातावरण नष्ट कर देगी। हमें बाहर भी उनके सहयोग की इतनी ही आवश्यकता है। जितनी घर में, इसमें सन्देह नहीं।

शिक्षा के क्षेत्र के समान चिकित्सा के क्षेत्र में भी स्त्रियों का सहयोग वांछनीय है। हमारा स्त्री-समाज कितने रोगों से जर्जर हो रहा है, उसकी सन्तान कितनी अधिक संख्या में असमय ही काल का ग्रास बन रही है, यह पुरुष से अधिक स्त्री की खोज का विषय है। जितनी अधिक सुयोग्य स्त्रियाँ इस क्षेत्र में होंगी उतना ही अधिक समाज का लाभ होगा। स्त्री में स्वाभाविक कोमलता पुरुष की अपेक्षा अधिक होती है, साथ ही पुरुष के समान व्यवसाय-बुद्धि प्रायः उसमें नहीं रहती, अतः वह इस कार्य को अधिक सहानुभूति तथा स्नेह के साथ कर सकती है। अपने सहज स्नेह तथा सहानुभूति के कारण ही रोगी की परिचर्या के लिए नर्स ही रखी जाती है। यह सत्य है कि न सब पुरुष ही इस कार्य के उपयुक्त होते हैं और न सब स्त्रियाँ, परन्तु जिन्हें इस गुरुतम कर्त्तव्य के लिए रुचि और सुविधाएँ दोनों ही मिली हैं, उन स्त्रियों का इस क्षेत्र में प्रवेश करना उचित ही होगा। कुछ इनी-गिनी स्त्री-चिकित्सक हैं भी, परन्तु समाज अपनी आवश्यकता के समय ही उनसे सम्पर्क रखता है। उनका शिक्षिकाओं से अधिक बहिष्कार है, कम नहीं। ऐसी महिलाओं में से जिन्होंने सुयोग्य और सम्पन्न व्यक्तियों से विवाह करके बाहर के वातावरण की नीरसता को घर की सरसता से मिलाना चाहा, उन्हें प्रायः असफलता ही प्राप्त हो सकी। उनका इस प्रकार घर की सीमा से बाहर कार्य करना पतियों की प्रतिष्ठा के अनुकूल न सिद्ध हो सका, इसलिए अन्त में उन्हें अपनी शक्तियों को घर तक ही सीमित रखने के लिए बाध्य होना पड़ा। वे पारिवारिक

जीवन में कितनी सुखी हुईं, यह कहना तो कठिन है, परन्तु उन्हें इस प्रकार खोकर स्त्री-समाज अधिक प्रसन्न न हो सका। यदि झूठी प्रतिष्ठा की भावना इस प्रकार बाधा न डालती और वे अवकाश के समय का कुछ अंश इस कर्त्तव्य के लिए भी रख सकतीं तो अवश्य ही समाज का अधिक कल्याण होता।

चिकित्सा के समान कानून का क्षेत्र भी स्त्रियों के लिए उपेक्षणीय नहीं कहा जा सकता। यदि स्त्रियों में ऐसी बहिनों की पर्याप्त संख्या रहती, जिनके निकट कानून एक विचित्र वस्तु न होता तो उनकी इतनी अधिक दुर्दशा न हो सकती। स्त्री-समाज के ऐसे प्रतिनिधि न होने के कारण ही किसी भी विधान में, समय तथा स्त्री की स्थिति के अनुकूल कोई परिवर्तन नहीं हो पाता और न साधारण स्त्रियाँ अपनी स्थिति से सम्बन्ध रखने वाले किसी कानून से परिचित ही हो सकती हैं। साधारण स्त्रियों की बात तो दूर रही, शिक्षिताएँ भी इस आवश्यक विषय से इतनी अनभिज्ञ रहती हैं कि अपने अधिकार और स्वत्वों में विश्वास नहीं कर पातीं। सहस्रों की संख्या में वकील और बैरिस्टर बने हुए पुरुषों के मुख से इस कार्य को आत्मा का हनन तथा असत्य का पोषण सुन-सुनकर उन्होंने असत्य को इस प्रकार त्यागा कि सत्य को भी न बचा सकीं। वास्तव में ऐसी विषयों में स्त्री की अज्ञता उसी की स्थिति को दुर्बल बना देती है, क्योंकि उस दशा में न वह अपने अधिकार का सच्चा रूप जानती है और न दूसरे के स्वत्वों का, जिससे पारस्परिक सम्बन्ध में सामञ्जस्य उत्पन्न हो ही नहीं पाता! वकील, बैरिस्टर महिलाओं की संख्या तो बहुत ही कम है और उनमें भी कुछ ही गृहजीवन से परिचित हैं।

प्रायः पुरुष यह कहते सुने जाते हैं कि बहुत पढ़ी-लिखी या कानून जानने वाली स्त्री से विवाह करते उन्हें भय लगता है। जब एक निरक्षर स्त्री बड़े से बड़े विद्वान से, कानून का एक शब्द न जानने वाली वकील या बैरिस्टर से और किसी रोग का नाम भी न बता सकने वाली बड़े से बड़े डाक्टर से विवाह करते भयभीत नहीं होती तो पुरुष ही अपने समान बुद्धिमान तथा विद्वान स्त्री से विवाह करने में क्यों भयभीत होता है? इस प्रश्न का उत्तर पुरुष के उस स्वार्थ में मिलेगा जो स्त्री से अन्धभक्ति तथा मूक अनुसरण चाहता है। विद्या-बुद्धि में जो उसके समान होगी, वह अपने अधिकार के विषय में किसी दिन भी प्रश्न कर ही सकती है; सन्तोषजनक उत्तर न पाने पर विद्रोह भी कर सकती है, अतः पुरुष क्यों ऐसी स्त्री को संगिनी बनाकर अपने साम्राज्य की शांति भंग करे। जब कभी किसी कारण से वह ऐसी जीवन-संगिनी चुन भी लेता है तो सब प्रकार के कोमल कठोर साधनों से उसे अपनी छाया मात्र बनाकर कर रखना चाहता है, जो प्रायः सम्भव नहीं होता।

इन कार्यक्षेत्रों के अतिरिक्त स्त्री तथा बालकों के लिए अन्य उपयोगी संस्थाओं की स्थापना कर उन्हें सुचारु रूप से चलाना, स्त्रियों में संगठन की इच्छा उत्पन्न करना, उन्हें सामयिक स्थिति से परिचित कराना आदि कार्य भी स्त्रियों के ही हैं और इन्हें वे घर से बाहर जाकर ही कर सकती हैं। इन सब कार्यों के लिए स्त्रियों को अधिक संख्या में सहयोग देना होगा, अतः यह आशा करना कि ऐसे बाहर के उत्तरदायित्व को स्वीकार करने वाली सभी स्त्रियाँ परिवार को त्याग, गृह-जीवन से विदा लेकर बौद्ध भिक्षुणी का जीवन व्यतीत करें, अन्याय ही है। कुछ स्त्रियाँ ऐसा जीवन भी बिता सकती हैं, परन्तु अन्य सबको घर और बाहर सब जगह कार्य करने की स्वतंत्रता मिलनी ही चाहिए।

इस सम्बन्ध में आपत्ति की जाती है कि जब स्त्री अपना सारा समय घर की देख-रेख और सन्तान के पालन के लिए नहीं दे सकती तो उसे गृहिणी बनने की इच्छा ही क्यों करनी चाहिए। इस आपत्ति का निराकरण तो हमारे समाज की सामयिक स्थिति ही कर सकती है। स्त्री के गृहस्थी के प्रति कर्त्तव्य की मीमांसा करने के पहले यदि हम यह भी देख लेते कि आजकल का व्यस्त पुरुष पत्नी और सन्तान के प्रति ध्यान देने का कितना अवकाश पाता है तो अच्छा होता। जिस श्रेणी की स्त्रियों को बाहर भी कुछ कर सकने का अवकाश मिल सकता है उनके डाक्टर, वकील या प्रोफेसर पति अपने दैनिक कार्य, सार्वजनिक कर्त्तव्य तथा मित्रमंडली से केवल रात के बसेरे के लिए ही अवकाश पाते हैं और यदि मनोविज्ञान से अपरिचित पत्नी ने उस समय घर या सन्तान की कोई चर्चा छेड़ दी तो या तो उनके दोनों नेत्र नींद से मुँद जाते हैं या तीसरा क्रोध का नेत्र खुल जाता है।

परन्तु ऐसी गृहिणियों को जब हम अन्य सार्वजनिक कार्यों में भाग लेने के लिए आमंत्रित करेंगे तब समाज की इस शंका का कि इनकी सन्तान की क्या दशा होगी, उत्तर भी देना होगा। स्त्री बाहर भी अपना कार्यक्षेत्र बनाने के लिए स्वतंत्र हो और यह स्वतंत्रता उसे निर्वासन का दण्ड न दे सके, इस निष्कर्ष तक पहुँचने का यह अर्थ नहीं है कि स्त्री प्रत्येक दशा में सार्वजनिक कर्त्तव्य के बन्धन से मुक्त न हो सके। ऐसी कोई माता नहीं होती, जो अपनी सन्तान को अपने प्राण के समान नहीं चाहती। पुरुष के लिए बालक का वह महत्त्व नहीं है, जो स्त्री के लिए है, अतएव यह सोचना कि माता अपने शिशु के सुख की बलि देकर बाहर कार्य करेगी, मातृत्व पर कलंक लगाना है। आज भी सार्वजनिक क्षेत्रों में कुछ सन्तानवती स्त्रियाँ कार्य कर रही हैं और निश्चय ही उनकी सन्तान कुछ न करने वाली स्त्रियों की सन्तान से अच्छी ही हैं। कैसा भी व्यस्त जीवन बिताने वाली श्रान्त माता अपने रोते हुए बालक को हृदय से

लगाकर सारी क्लान्ति भूल सकती है, परन्तु पुरुष के लिए ऐसा कर सकना सम्भव ही नहीं है। फिर केवल हमारे समाज में ही माताएँ नहीं हैं, अन्य ऐसे देशों में भी हैं, जहाँ उन्हें और भी उत्तरदायित्व सँभालने होते हैं। हमारे देश में भी साधारण स्त्रियाँ मातृत्व को ऐसा भारी नहीं समझतीं। आवश्यकता केवल इस बात की है कि पुरुष पंख काटकर सोने के पिंजर में बन्द पक्षी के समान स्त्री को अपनी मिथ्या प्रतिष्ठा की बन्दिनी न बनावे। यदि विवाह सार्वजनिक जीवन से निर्वासन न बने तो निश्चय ही स्त्री इतनी दयनीय न रह सकेगी। घर से बाहर भी अपनी रुचि, शिक्षा और अवकाश के अनुरूप जो कुछ वह करना चाहे उसमें उसे पुरुष के सहयोग और सहानुभूति की अवश्य ही अपेक्षा रहेगी और पुरुष यदि अपनी वंशक्रमागत अधिकार युक्त अनुदार भावना को छोड़ सके तो बहुत-सी कठिनाइयाँ स्वयं ही दूर हो जावेंगी।

□□

1934

[3]

बाहर के सार्वजनिक कार्यों के अतिरिक्त और भी ऐसे क्षेत्र हैं जिनमें स्त्री घर में रह कर भी बहुत कुछ कर सकती है। उदाहरण के लिए हम साहित्य के क्षेत्र को ले सकते हैं जिसके निर्माण में स्त्री का सहयोग व्यक्ति और समाज दोनों के लिए उपयोगी सिद्ध होगा। यदि पुरुष साहित्य के निर्माण को अपनी जीविका का साधन बना सकता है, तो स्त्री के लिए भी यह कार्य संकोच का कारण क्यों बन सकेगा! यदि वैयक्तिक दृष्टि से देखा जावे तो इससे स्त्री के जीवन में अधिक उदारता और संवेदनशीलता आ सकेगी, उसकी मानसिक शक्तियों का अधिक से अधिक विकास हो सकेगा तथा उसे अपने कर्त्तव्य की गुरुता का भार, भार न जान पड़ेगा। यदि सामाजिक रूप से इसकी उपयोगिता जाँची जावे तो हम देखेंगे कि स्त्री का साहित्यिक सहयोग साहित्य के एक आवश्यक अंग की पूर्ति करता है। साहित्य यदि स्त्री के सहयोग से शून्य हो तो उसे आधी मानव-जाति के प्रतिनिधित्व से शून्य समझना चाहिए। पुरुष के द्वारा नारी का चरित्र अधिक आदर्श बन सकता है, परन्तु अधिक सत्य नहीं; विकृति के अधिक निकट पहुँच सकता है, परन्तु यथार्थ के अधिक समीप नहीं। पुरुष के लिए नारीत्व अनुमान है, परन्तु नारी के लिए अनुभव। अतः अपने जीवन का जैसा सजीव चित्र वह हमें दे सकेगी वैसा पुरुष बहुत साधना के उपरान्त भी शायद ही दे सके।

महिला-साहित्य के अतिरिक्त बाल-साहित्य के निर्माण की भी वह पुरुष की अपेक्षा अधिक अधिकारिणी है, कारण, बालकों की आवश्यकताओं का, उनकी भिन्न-भिन्न मनोवृत्तियों का जैसा प्रत्यक्षीकरण माता कर सकती है वैसा पिता नहीं कर पाता। बालक के शरीर और मन दोनों के विकास के क्रम जैसे उसके सामने आते रहते हैं वैसे और किसी के सामने नहीं। अतः वह, प्रत्येक पौधे के अनुकूल जलवायु और मिट्टी के विषय में जानने वाले चतुर माली के समान ही अपनी सन्तान के लिए अनुकूल परिस्थितियाँ उत्पन्न कर सकती है।

ऐसे कार्य अधिक हैं जिन्हें करने में मनुष्य को आवश्यकता का अधिक ध्यान रखना पड़ता है, सुख का कम, परन्तु साहित्य यदि सत्य अर्थ में साहित्य हो तो उसका निर्माता सुख तथा उपयोग को एक ही तुला पर समान रूप से गुरु पा सकता है। स्त्री यदि वास्तव में शिक्षित हो तो अपने गृहस्थी के कामों से बचे हुए अवकाश के समय को साहित्य की सेवा में लगा सकती है और इस व्यवसाय से उसे वह प्रसन्नता भी मिलेगी जो आत्मतुष्टि से उत्पन्न होती है और वह तृप्ति भी जो परोपकार से जन्म पाती है। प्रायः

सम्भ्रान्त व्यक्ति यह कहते हुए सुने जाते हैं कि उनके घर की महिलाएँ किसी योग्य नहीं हैं, परन्तु ऐसे सज्जनों में दो ही चार अपनी गृहिणियों को कुछ करने का सुयोग देने पर उद्यत होंगे। सम्पन्न गृहस्थी के घरों में भी स्त्रियों के मानसिक विकास की ओर ध्यान नहीं दिया जाता। शरीर जिस प्रकार भोजन न पाकर दुर्बल होने लगता है, स्त्रियों का मस्तिष्क भी साहित्य-रूपी खाद्य न पाकर निष्क्रिय होने लगता है, जिसका परिणाम मानसिक जड़ता के अतिरिक्त और कुछ नहीं होता। अपने अवकाश के समय सभी किसी न किसी प्रकार का मनोविनोद चाहते हैं और जिस मनोविनोद में सुलभ होने की विशेषता न हो उसे प्रायः कोई नहीं ढूँढ़ता। हमारे यहाँ स्त्रियों में साहित्यिक वातावरण बनाये रखने के लिए कोई प्रयत्न नहीं किया जाता, अतः यदि स्त्री की प्रवृत्ति इस ओर हुई भी तो अनुकूल परिस्थितियाँ न पाकर उसका नष्ट हो जाना ही सम्भव है।

प्रायः जिन वकील या प्रोफेसरों के पास उनके आवश्यक या प्रिय विषयों से सम्बन्ध रखने वाली हजार पुस्तकें होती हैं उनकी पत्नियाँ दस पुस्तकें भी रखने के लिए स्वतंत्र नहीं होतीं। इसे किसका दुर्भाग्य कहा जावे, यह स्पष्ट है। हमारे यहाँ पुरुष समाज की यह धारणा कि साहित्य का सम्बन्ध केवल उपाधिधारिणी महिलाओं से है और उसकी सीमा अंग्रेजी भाषा तक ही है, बहुत कुछ अनर्थ करा रही है। हमें अब भी यह जानना है कि अपनी भाषा का ज्ञान भी हमें विद्वान और विदुषी के पद तक पहुँचा देने के लिए पर्याप्त हो सकता है और अपने साहित्य की सेवा भी हमें विश्व-साहित्यिकों की श्रेणी में बैठा सकती है। यदि हम सुविधायें दे सकते तो हमारे घरों में ऐसा साहित्यिक वातावरण उत्पन्न हो सकता था, जो कठिन से कठिन कर्त्तव्य और कटु से कटु अनुभव को कोमल और मधुर बना सकता। अनेक व्यक्ति शंका करेंगे कि क्या ऐसे ठोक-पीटकर और पुस्तकालयों में बन्दी कर साहित्यिक महिलाएँ गढ़ी जा सकेंगी! यह सत्य है कि प्रतिभा नैसर्गिक होती है, परन्तु उसका नैसर्गिक होना वैसा ही निष्क्रिय बना दिया जा सकता है, जैसे विकास की प्राकृतिक प्रवृत्ति से युक्त अंकुर को शिला से दबाकर उसे विकासहीन कर देना सम्भव है।

हमारा साहित्य इस समय भी ऐसी अनेक महिलाओं के सहयोग से विकास कर रहा है जिनकी प्रतिभा अनुकूल परिस्थितियों के कारण ही संसार से परिचित हो सकी है। उनमें से ऐसी देवियाँ भी हैं जिनकी गृहस्थी सुख और सन्तोष से भरी है, जिनकी साहित्य-सेवा उनकी आर्थिक कठिनाइयों को दूर करती है और जो अपने जीवन-संगियों को उपयुक्त सहयोग देकर नाम से ही नहीं किन्तु कार्य से भी सहकर्मिणी हैं। ऐसे दम्पत्ति अब केवल कल्पना नहीं रहे जिनमें पति-पत्नी दोनों की आजीविका साहित्य-सेवा हो या जहाँ एक भिन्न क्षेत्र में काम करके भी दूसरे की साहित्य-सेवा

हिन्दू स्त्री का पत्नीत्व

विकास और विकृति दोनों ही परिवर्तन-मूलक होने पर भी परिणाम में भिन्न हैं, क्योंकि एक वस्तु-विशेष को इस प्रकार परिवर्तित करता है कि उसके छिपे हुए गुण अधिक-से-अधिक स्पष्ट हो जाते हैं और दूसरा उन्हीं गुणों को इस प्रकार बदल कर विकृत कर देता है कि वे दोष जैसे जान पड़ने लगते हैं। मार्ग में पड़ी हुई शिला से टकरा कर जल-प्रवाह में जो परिवर्तन होते हैं वे विकास-मूलक हैं, परन्तु किसी गड्ढे में भरे हुए गति-हीन जल के परिवर्तन में शोचनीय विकृति ही मिलेगी।

भारतीय स्त्री की सामाजिक स्थिति का इतिहास भी उसके विकृत से विकृततर होने की कहानी मात्र है। बीती हुई शताब्दियाँ उसके सामाजिक प्रासाद के लिए नींव के पत्थर नहीं बनीं, वरन् उसे ढहाने के लिए वज्रपात बनती रही हैं। फलतः उसकी स्थिति उत्तरोत्तर दृढ़ तथा सुन्दर होने के बदले दुर्बल और कुत्सित होती गई।

पिछले कुछ वर्ष अवश्य ही उस पुराने इतिहास में नये पृष्ठ बनकर आये जिसने समाज को स्त्री की स्थिति को एक नये दृष्टिकोण से देखने पर बाध्य किया। इस समय भारतीय स्त्री चाहे टर्की, रूस आदि देशों की स्त्रियों के समान पुराने संस्कार मिटाकर नवीन रूप में पुनर्जन्म न ले सकी हो, परन्तु इसमें सन्देह नहीं कि वह अपनी स्थिति और तज्जनित दुर्दशा को विस्मय से देखने लगी है। अपनी दुर्बलता पर हमें जो विस्मय होता है वही अपनी शक्तियों के प्रति हमारे विश्वास का प्रमाण है, यह कहना अतिशयोक्ति न होगी, क्योंकि अपनी शक्ति में विश्वास न करने वाला व्यक्ति अपनी दुर्बलता में विश्वास करता है, उस पर विस्मय नहीं।

स्त्री के जीवन में राजनीतिक अधिकारों तथा आर्थिक स्वतंत्रता का अभाव तो रहा ही, साथ ही उसकी सामाजिक स्थिति भी कुछ स्पृहणीय नहीं रही। उसके जीवन का प्रथम लक्ष्य पत्नीत्व तथा अन्तिम मातृत्व समझा जाता रहा, अतः उसके जीवन का एक ही मार्ग और आजीविका का एक ही साधन निश्चित था। यदि हम कटु सत्य सह सकें तो लज्जा के साथ स्वीकार करना होगा कि समाज ने स्त्री को जीविकोपार्जन का साधन निकृष्टतम दिया है। उसे पुरुष के वैभव की प्रदर्शनी तथा मनोरंजन का साधन बनकर ही जीना पड़ता है, केवल व्यक्ति और नागरिक के रूप में उसके जीवन का कोई मूल्य नहीं आँका जाता। समाज की स्थिति के लिए मातृत्व पूज्य है, व्यक्ति

में सहयोग दे सके। जिन्होंने उच्च शिक्षा पाकर शिक्षा और साहित्य के क्षेत्र को अपनाया है ऐसी महिलाओं का भी नितान्त अभाव नहीं। फिर सुविधा देने पर और अधिक बहिनें क्यों न अपने समय का अच्छा से अच्छा उपयोग करेंगी? यह चिन्ता कि उस दशा में गृह की मर्यादा न रहेगी या स्त्रियाँ न माता रहेंगी न पत्नी, बहुत अंशों में भ्रान्तिमूलक है। साहित्य के नाम पर हमने कुछ थोड़े-से सस्ते भावुकता भरे उपन्यास रख लिये हैं, जिन्हें हाथ में लेते ही हमारी बालिकाएँ एक विचित्र कल्पना-जगत का प्राणी बन जाती हैं और उसी के परिणाम ने हमें इतना सतर्क बना दिया है कि हम साहित्यिक वातावरण को एक प्रकार का रोग समझने लगे हैं, जिसके घर में आते ही जीना कठिन हो जाता है। उपयोगी से उपयोगी वस्तु का गुण भी प्रयोग पर निर्भर है, यह कौन नहीं जानता! हम संखिया जैसे विष को भी औषधि के रूप में खाकर जीवित रह सकते हैं और अन्न जैसे जीवन के लिए आवश्यक पदार्थ को भी बहुत अधिक मात्रा में खाकर मर सकते हैं। यही साहित्य के लिए भी सत्य है। हम उसमें जीवन-शक्ति भी पाते हैं और मृत्यु की दुर्बलता भी। यदि हम उसे जीवन का प्रतिबिम्ब समझकर उससे अपने अनुभव के कोष को बढ़ाते हैं, उसे अपने क्षीण दुर्बल जीवन के लिए आशा की सञ्जीवनी बना सकते हैं तो उससे हमारा कल्याण होता है। परन्तु इसके विपरीत जब हम उससे अपने थके जीवन के लिए क्षणिक उत्तेजना मात्र चाहते हैं तब उससे हमारी वही हानि हो सकती है जो मदिरा से होती है। क्षणिक उत्तेजना का अन्त असीम थकावट के अतिरिक्त और कुछ नहीं हो सकता।

परन्तु स्त्री को किसी भी क्षेत्र में कुछ करने की स्वतंत्रता देने के लिए पुरुष के विशेष त्याग की आवश्यकता होगी। पुरुष अब तक जिस वातावरण में साँस लेता रहा है वह स्त्री को दो ही रूपों में बढ़ने दे सकता है, माता और पत्नी। स्त्री जब घर से बाहर भी अपना कार्य–क्षेत्र रखेगी तो पुरुष को उसे और प्रकार की स्वतंत्रता देनी पड़ेगी, जिसकी घर में आवश्यकता नहीं पड़ती। उसे आने-जाने की, अन्य व्यक्तियों से मिलने-जुलने की तथा उसी क्षेत्र में कार्य करने वालों से सहयोग लेने-देने की आवश्यकताएँ प्रायः पड़ती रहेंगी। ऐसी दशा में पुरुष यदि उदार न हुआ और प्रत्येक कार्य को उसने संकीर्ण और सन्दिग्ध दृष्टि से देखा तो जीवन असह्य हो उठेगा! वास्तव में स्त्री की स्थिति के विषय में कुछ भी निश्चित होने के पहले पुरुष को अपनी स्थिति निश्चित कर लेना होगा। समय अपनी परिवर्तनशील गति में उसके देवत्व और स्त्री के दासत्व को बहा ही ले गया है, अब या तो दोनों को विकासशील मनुष्य बनना होगा या केवल यन्त्र।

1934 □□

की पूर्णता के लिए सहधर्मिणीत्व भी श्लाघ्य है, परन्तु क्या यह माना जा सकता है कि सौ में से सौ स्त्रियों की शारीरिक तथा मानसिक स्थिति केवल इन्हीं दो उत्तरदायित्वों के उपयुक्त होगी? क्या किसी स्त्री को भी उसकी शारीरिक तथा मानसिक शक्तियाँ और रुचि किसी अन्य पर श्लाघ्य लक्ष्य की ओर प्रेरित नहीं कर सकतीं?

जैसे ही कन्या का जन्म हुआ, माता-पिता का ध्यान सबसे पहले उसके विवाह की कठिनाइयों की ओर गया। यदि वह रोगी माता-पिता से पैतृक धन की तरह कोई रोग ले आई तो भी उसके जन्मदाता अपने दुष्कर्म के उस कटु फल को पराई धरोहर कह-कहकर किसी को सौंपने के लिए व्याकुल होने लगे। चाहे कन्या को कुष्ठ हो; चाहे यक्ष्मा और चाहे कोई अन्य रोग, परन्तु उसको विवाह–जैसे उत्तरदायित्व से वंचित करना वंश के लिए कलंक है। चाहे वह शरीर से उस जीवन के लिए असमर्थ है, चाहे मन से अनुपयुक्त परन्तु विवाह के अतिरिक्त उसके जीने का अन्य साधन नहीं। उसकी इच्छा-अनिच्छा, स्वीकृति-अस्वीकृति, योग्यता-अयोग्यता की न कभी किसी ने चिन्ता की और न करने की आवश्यकता का अनुभव किया। यदि कन्या कुरूपता के कारण विवाह की हाट में रखने योग्य नहीं है तो उसके स्थान में दूसरी रूपवती को दिखाकर, रोगिणी है तो उस रोग को छिपाकर, सारांश यह है कि लालच से, छल से, झूठ से या अच्छे-बुरे किसी भी उपाय से उसके लिए पत्नीत्व का प्रबन्ध करना ही पड़ता है, कारण वही एक उसके भरण-पोषण का साधन है। यह सत्य है कि विवाह–जैसे उत्तरदायित्व के लिए समाज पुरुषों की भी योग्यता-अयोग्यता की चिन्ता नहीं करता, परन्तु उनके लिए यह बंधन विनोद का साधन है, जीविका का नहीं। अतः वे एक प्रकार से स्वच्छन्द रहते हैं।

प्राचीनता की दुहाई देने वाले कुलों में बिना देखे-सुने जिस प्रकार उसका क्रय-विक्रय हो जाता है, वह तो लज्जा का विषय है ही, परन्तु नवीनता के पूजकों में भी विवाह-योग्य कन्या को, बिकने के लिए खड़े हुए पशु की तरह देखना कुछ गर्व की वस्तु नहीं। जिस प्रकार भावी पति-परिवार के व्यक्ति उसे चलाकर, हँसाकर, लिखा-पढ़ाकर देखते हैं तथा लौटकर उसकी लम्बाई-चौड़ाई, मोटापन, दुबलापन, नख-शिख आदि के विषय में अपनी धारणाएँ बताते हैं, उसे सुनकर दास-प्रथा के समय बिकने वाली दासियों की याद आये बिना नहीं रहती। प्रायः दुर्बल, कुरूप परन्तु उपाधिधारी बेकार युवकों के लिए भी कन्या को केवल रूप की ही प्रतियोगिता में नहीं किन्तु शिक्षा, कला, गुण आदि की प्रतियोगिता में भी सफल होना पड़ता है। जहाँ प्रत्येक अवस्था में प्रत्येक स्त्री को प्राण धारण के लिए ही पत्नी बनना होगा वहाँ यदि आदर्श पत्नी या आदर्श माताओं का अभाव दिखाई दे तो आश्चर्य की बात नहीं!

पति होने के इच्छुक युवकों की मनोवृत्ति के विषय में तो कुछ कहना व्यर्थ ही है। वे प्रायः पत्नी के भरण-पोषण का भार ग्रहण करने के पहले भावी श्वसुर से कन्या को जन्म देने का भारी से भारी कर वसूल करना चाहते हैं। एक विलायत जाने का खर्च चाहता है, दूसरा युनीवर्सिटी की पढ़ाई समाप्त करने के लिए रुपया चाहता है, तीसरा व्यवसाय के लिए प्रचुर धन माँगता है। सारांश यह कि सभी अपने आपको ऊँची से ऊँची बोली के लिए नीलाम पर चढ़ाए हुए हैं। प्रश्न उठता है कि क्या यह क्रय-विक्रय, यह व्यवसाय स्त्री के जीवन का पवित्रतम बन्धन कहा जा सकेगा? क्या इन्हीं पुरुषार्थ और पराक्रमहीन परावलम्बी पतियों से वह सौभाग्यवती बन सकेगी? यदि नहीं तो वह इस बन्धन को जो उसे आदर्श माता और आदर्श पत्नी के पद तक नहीं पहुँचा सकता, केवल जीविका के लिए कब तक स्वीकार करती रहेगी? अवश्य ही यह मत्स्य-बेध या धनुष-भंग द्वारा युवक के पराक्रम की परीक्षा का युग नहीं है परन्तु स्त्री, पुरुष में इतने स्वावलम्बन की अवश्य ही अपेक्षा रखती है कि वह उसके पत्नीत्व को व्यवसाय की तुला पर न तोले।

ऐसे अनेक व्यक्ति हैं जो किसी भी नवीन दृष्टिकोण को समाज और धर्म की स्थिति के लिए घातक समझ लेते हैं और भरसक किसी भी परिवर्तन को आने नहीं देते; फल यह होता है कि प्रतिरोध से और भी सबल होकर उसका प्रवाह प्राचीन की मर्यादा भंग कर देता है। ऐसी क्रान्ति की आवश्यकता ही न होती यदि हमारे समाज-समुद्र में इतनी गहराई होती कि वह नवीन विचारधाराओं को अपने में स्थान दे सकता।

स्त्री के विकास की चरम सीमा उसके मातृत्व में हो सकती है, परन्तु यह कर्त्तव्य उसे अपनी मानसिक तथा शारीरिक शक्तियों को तोल कर स्वेच्छा से स्वीकार करना चाहिए, परवश होकर नहीं। कोई अन्य मार्ग न होने पर बाध्य होकर जो स्वीकार किया जाता है वह कर्त्तव्य नहीं कहा जा सकता। यदि उनके जन्म के साथ विवाह की चिन्ता न कर उनके विकास के साधनों की चिन्ता की जावे, उनके लिए रुचि के अनुसार कला, उद्योग-धन्धे तथा शिक्षा के द्वार खुले हों, जो उन्हें स्वावलम्बिनी बना सकें और तब अपनी शक्ति और इच्छा को समझकर यदि वे जीवनसंगी चुन सकें तो विवाह उनके लिए तीर्थ होगा, जहाँ वे अपनी संकीर्णता मिटा सकेंगी, व्यक्तिगत स्वार्थ को बहा सकेंगी और उनका जीवन उज्ज्वल से उज्ज्वलतर हो सकेगा। इस समय उनके त्याग पर अभिमान करना वैसा ही उपहासास्पद है, जैसा चिड़िया को पिंजरे में बन्द करके उसके, परवशता से स्वीकृत जीवन-उत्सर्ग का गुणगान।

समय की गति धनुष से छूटे हुए तीर की तरह आगे की ओर है, पीछे की ओर

नहीं। जीवन की जिन परिस्थितियों को हम पीछे छोड़ आये हैं उन्हें हम लौटा नहीं सकते। इससे उनके अनुरूप अपने आपको बनाते रहना जीवन को एक वृत्त में घुमाते रहना होगा। जिस प्राचीन संस्कृति का पक्ष लेकर हम विकास का मार्ग रूँधना चाहते हैं यदि उसकी छाया भी हम छू सके होते तो हमारे कार्य ऐसे अर्थहीन और दृष्टिकोण ऐसा संकीर्ण न हो सकता। अनेक संस्कृतियों, विभिन्न दृष्टिकोणों तथा परस्पर-विरोधी विचारों को समाहित कर लेने वाला अतीत चाहे हमें आगे न बढ़ाता, परन्तु पीछे लौटना भी न सिखाता। हमारा निर्जीव रूढ़िवाद, हमारे पवित्रतम सम्बन्धों में भी पशुता की अधिकता आदि प्रमाणित करते हैं कि हम भटक कर ऐसी दिशा में बढ़े चले जा रहे हैं, जो हमारा लक्ष्य कभी नहीं रही।

हम स्त्रियों के विवाह की चिन्ता इसलिए नहीं करते कि देश या जाति में सुयोग्य माताओं और पत्नियों का अभाव हो जायेगा, वरन् इसलिए की उनकी आजीविका का हम कोई और सुलभ साधन नहीं सोच पाते। माता-पिता चाहे सम्पन्न हों चाहे दरिद्र, कन्या का कोई उत्तरदायित्व प्रसन्नता से अपने ऊपर नहीं लेना चाहते और न विवाह के अतिरिक्त उससे छुटकारा पाने का मार्ग ही पाते हैं। विधवाओं की भी हमारे निकट एक ही समस्या है। किसी स्त्री के विधवा होते ही प्रश्न उठता है कि उसका भरण-पोषण और उसकी रक्षा कौन करेगा? यदि उसे उदर-पोषण की चिन्ता नहीं है तो रक्षक के अभाव में दुराचार में प्रवृत्त करने वाले प्रलोभनों से घिरी रहती है और यदि सम्बलहीन है तो उसकी आवश्यकताएँ ही अन्य साधनों के अभाव में बुरे मार्ग को स्वीकार करने के लिए उसे विवश कर देती हैं। यदि हम गृह के महत्त्व को बनाये रखना चाहते हैं तो हमें ऐसी गृहिणियों की आवश्यकता होगी जो अपने उत्तरदायित्व को समझ-बूझकर स्वेच्छा से, प्रसन्नतापूर्वक स्वीकार करें, केवल जीविका के लिए विवश होकर या अपनी रक्षा में असमर्थ होकर नहीं।

माता-पिता को बाध्य होना चाहिए कि वे अपनी कन्याओं को अपनी-अपनी रुचि तथा शक्ति के अनुसार कला, व्यवसाय आदि की ऐसी शिक्षा पाने दें, जिससे उनकी शक्तियाँ भी विकसित हो सकें और वे इच्छा तथा आवश्यकतानुसार अन्य क्षेत्रों में कार्य भी कर सकें। राष्ट्र की सुयोग्य सन्तान की माता बनना उनका कर्त्तव्य हो सकता है, परन्तु केवल उसी पर उनके नागरिकता के सारे अधिकारों का निर्भर रहना अन्याय ही कहा जायेगा।

इस विवशता के कारण ही वे किसी पुरुष की सहयोगिनी नहीं समझी जातीं। सत्य भी है, बन्दी के पैर की बेड़ियाँ साथ रहने पर भी क्या सुखद संगिनी की उपाधि पा सकेंगी? प्रत्येक पुरुष पत्नी के रूप में स्त्री को अंगीकार करते समय अनुभव करता

है मानो यह कार्य वह केवल परोपकार के लिए कर रहा है। यदि उसे इतना अवकाश मिले कि वह आजीवन संगिनी के अभाव का अनुभव कर सके, उसे खोजने का प्रयास कर सके और उस उत्तरदायित्व के लिए अपने आपको प्रस्तुत कर सके तो यह उपकार की भावना एक क्षण भी न ठहरे जो अधिकांश घरों में दुःख का कारण बन जाती है। उन्हें न स्वयंवर में वरमाला पाना है, न अप्रतिम पराक्रम द्वारा प्रतिद्वन्द्वियों को परास्त कर अपने-आपको वरण-योग्य प्रमाणित करना है और न विशेष विद्या-बुद्धि का परिचय देना है। केवल उन्हें जीवन भर के लिए एक सेविका की सेवाएँ स्वीकार कर लेनी हैं और इस स्वीकृति के उपलक्ष्य में वे जो चाहे माँग भी सकते हैं। अतः वे इस बन्धन को महत्त्वपूर्ण कैसे और क्यों समझें? उन्हें आवश्यकता न होने पर भी दर्जनों विवाह-योग्य कन्याओं के पिता उन्हें घेरे रहते हैं तथा अधिक से अधिक धन देकर, अधिक से अधिक खुशामद करके अपनी रूपसी, गुणवती और शिक्षित पुत्रियों को दान देकर कृतार्थ हो जाना चाहते हैं। ऐसा विवाह यदि स्त्रीत्व का कलंक न समझा जावे तो और क्या समझा जावे!

गृहस्थाश्रम हमारे यहाँ उपयोगिता की दृष्टि से सबसे उत्तम समझा जाता था और इसकी अनिवार्यता के कुछ धार्मिक तथा कुछ सामाजिक कारण रहे हैं। प्राचीनकाल में नवागत आर्यजाति को अपनी सामाजिक स्थिति दृढ़ करने के लिए अधिक से अधिक सन्तान की कितनी आवश्यकता थी यह हमें उन वेद-मन्त्रों से ज्ञात हो जाता है जिनमें वे देवताओं से वीर सन्तान और पशुओं की याचना करते हैं। इस नवीन कृषिप्रधान देश में उन्हें अन्न के लिए पशुओं की जितनी आवश्यकता थी उतनी ही अपने विस्तार के लिए वीर पुत्रों की। किसी कुल की भी स्त्री उनके लिए त्याज्य नहीं थी। अतः वर्णों में उत्तम ब्राह्मण भी किसी भी वर्ण की स्त्री को पत्नी रूप में ग्रहण कर सकता था।

कुछ समय के उपरान्त सम्भवतः कन्या-पक्ष के नीच कुल के सम्बन्धियों को दूर रखने के लिए उन्हें इस विधान को धर्म का रूप देना पड़ा, जिससे कन्या को दान करके माता-पिता जामातृ-गृह को त्याज्य समझें। आज भी हमारे यहाँ माता-पिता पुत्री के गृह में अन्न-जल ग्रहण करना या उससे किसी प्रकार की सहायता लेना पाप समझते हैं। इस भावना ने उनकी दृष्टि में पुत्र को पुत्री से भिन्न कर दिया, क्योंकि विवाह के उपरान्त पुत्री उनके किसी काम न आ सकती थी और पुत्र उनके जीवन का अवलम्ब रहता था। इसी से नवीन गृहस्थी बसाने के लिए कुछ यौतुक देने के अतिरिक्त उन्होंने अपनी सम्पत्ति का कोई भाग उसके लिए सुरक्षित नहीं रखा। फिर भी अधिक संख्या में ब्रह्मचारिणियों की उपस्थिति, राजकन्याओं द्वारा ऋषियों का वरण

आदि प्रमाणित कर देते हैं कि स्त्री उस समय आज की तरह परतंत्र नहीं थी। एक विशेष अवस्था तक ब्रह्मचर्य का पालन कर लेने पर स्वयं अपना वर चुन कर गृहिणी बनने का अधिकार रखती थी तथा एक विशेष अवस्था के उपरान्त उस आश्रम से विदा भी ले सकती थी।

आज हम उन रीतियों के विकृत रूप तो अपनाये हुए हैं, परन्तु उन परिस्थितियों पर विचार नहीं करना चाहते। इन कंकालावशिष्ट, दुर्बल और रोगी बालकों की बाल-माताएँ उस इतिहास से सम्बन्ध नहीं रखतीं, ये जाड़े में ठिठुरते नंगे-भूखे और उस पर माता-पिता के रोगों का भार लादे हुए दरिद्र भिखारियों के बालक विवाह की उपयोगिता प्रमाणित नहीं करते, ये जर्जर शरीर और निर्जीव मन वाले युवक तथा मृत्यु का उपहास करने वाले मौरधारी बूढ़े प्राचीन चार आश्रमों की सृष्टि नहीं हैं और यह मनुष्य-संख्या की अधिकता से आकुल होकर सन्तान-निग्रह की सम्मति देने वाला विज्ञ-समाज उस समय की परिस्थिति का प्रतिबिम्ब नहीं कहा जा सकता। वस्तुतः नवीन युग के नये अभिशाप हैं, जिनका परिहार भी नवीन ही होगा। प्राचीन की सुदृढ़ सुन्दर नींव पर हमने अपनी दुर्बुद्धि के कारण हवा से कम्पित हो उठने वाली जर्जर कुटी ही बनाई है, गगनचुम्बी प्रासाद नहीं और उस नींव के उपयुक्त भवन-निर्माण करने के लिए हमें इसको गिरा ही देना होगा। यह हमारी अदूरदर्शिता होगी, यदि हम अतीत को जीवित करने के लिए जीवित वर्तमान की बलि दे दें, क्योंकि वह अब हमारे प्रगतिशील जीवन के लिए सहारा हो सकता है, लक्ष्य नहीं।

हम अन्य देशों में, जहाँ पहले स्त्रियों के प्रति पुरुषों के, हमारे-जैसे ही विचार थे, अनेक परिवर्तन देखते हैं, वहाँ की स्त्रियों को सारे क्षेत्रों में पुरुषों के समान ही सुचारु रूप से कार्य करते देखते हैं, आवश्यकता से नहीं किन्तु इच्छा से उन्हें जीवनसंगी चुनते देखते हैं तो हमारा हृदय धड़कने लगता है। हम परिस्थितियों पर कुछ भी विचार न कर केवल अपने देश की स्त्रियों को और भी अधिक छिपाकर रखने में सयत्न हो जाते हैं। हम नहीं जानते और न जानना ही चाहते हैं कि सबेरे पूर्व के अंधकार से फूट निकलने वाली प्रकाश की रेखाओं को जैसे हम आकाश के किसी एक कोने में बाँधकर नहीं रख सकते वैसे ही जागृति की दिग्व्यापिनी लहर भी किसी देश के एक कोने में बन्दिनी नहीं बनाई जा सकती। फिर विचारों के प्रसार के इतने साधन होते हुए परिवर्तन केवल कुछ समय के लिए रोका जा सकता है, आमूल नष्ट नहीं किया जा सकता। आज टर्की की महिला को देखकर कौन कह सकता है कि यह उन्हीं की वंशजा है जो एक पुरुष के अन्तःपुर में अनेक की संख्या में बन्द रहती थीं, प्रकाश से भी मुख छिपाती थीं और जिनका उपयोग पुरुष के मनोरंजन और उसकी

वंश-रक्षा के अतिरिक्त और कुछ नहीं समझा जाता था। सोवियत रूस की सेना, नौसेना, यन्त्रालयों, न्यायालयों आदि में सैनिक, जज आदि के पदों पर प्रतिष्ठित महिलाओं को देखकर क्या हम विश्वास कर सकते हैं कि इन्हीं को लक्ष्यकर यह रूसी कहावत कही गई होगी—"Beat your fur and you make it warmer, beat a woman and you make her wiser" उस देश में पहले वधू का पिता वर को उसके अधिकार का चिह्न-स्वरूप नया चाबुक देता था, जो केवल वधू को पीटने के ही काम आता था और प्रायः नव दम्पत्ति की शय्या के ऊपर टाँगा जाता था। यूरोप के अन्य सभ्य देशों में भी स्त्रियों की स्थिति ऐसी ही थी, परन्तु आज वे चाहे हमारी तरह देवत्व का भार लेकर न घूम रही हों, मानवी अवश्य समझी जाने लगी हैं। हमारे देश की महिलाएँ भी कब तक केवल रमणी या भार्या बनकर सन्तुष्ट रह सकेंगी, यही प्रश्न है। इसका यह अर्थ नहीं कि यदि स्त्रियाँ गृह-धर्म और मातृत्व को तिलांजलि देकर पुरुषों के समान सब क्षेत्रों में काम करने लगें तो उनकी स्थिति समुन्नत कही जाने योग्य हो जायेगी। विवाह मनुष्य जाति की असभ्यता की भी सबसे प्राचीन प्रथा है और सभ्यता की भी, परन्तु उसे सामाजिक के साथ-साथ नैतिक और धार्मिक बन्धन बनाने के लिए अधिक परिष्कृत करना होगा। इस समय तो भारतीय पुरुष जैसे अपने मनोरंजन के लिए रंग-बिरंगे पक्षी पाल लेता है; उपयोग के लिए गाय या घोड़ा पाल लेता है उसी प्रकार वह एक स्त्री को भी पालता है तथा अपने पालित पशु-पक्षियों के समान ही वह उसके शरीर और मन पर अपना अधिकार समझता है। हमारे समाज के पुरुष के विवेकहीन जीवन का सजीव चिह्न देखना हो तो विवाह के समय गुलाब-सी खिली हुई स्वस्थ बालिका को पाँच वर्ष बाद देखिए। उस समय उस असमय प्रौढ़ा, कई दुर्बल सन्तानों की रोगिनी पीली माता में कौन-सी विवशता, कौन-सी रुला देने वाली करुणा न मिलेगी!

अनेक व्यक्तियों का विचार है कि यदि कन्याओं को स्वावलम्बिनी बना देंगे तो वे विवाह ही न करेंगी, जिससे दुराचार भी बढ़ेगी और गृहस्थ-धर्म में भी अराजकता उत्पन्न हो जायेगी। परन्तु वे यह भूल जाते हैं कि स्वाभाविक रूप से विवाह में किसी व्यक्ति के साहचर्य की इच्छा प्रधान होनी चाहिए; आर्थिक कठिनाइयों की विवशता नहीं। यदि मनुष्य में किसी के आजीवन साहचर्य की इच्छा प्रधान न होती तो जिन देशों में स्त्रियाँ सब प्रकार से स्वावलम्बिनी हैं वहाँ इस प्रथा का नाम भी न रह गया होता। रह गई दुराचार की बात—तो इस सम्बन्ध में यह निर्भ्रान्त सत्य है कि सामाजिक परिस्थितियों से असन्तुष्ट व्यक्ति जितनी सरलता से इस मार्ग के पथिक बन सकते हैं उतने सन्तुष्ट नहीं। हम भी आकाश के उन्मुक्त वातावरण के नीचे घर की

दीवारों से घिर कर रहते हैं और कारागार का बन्दी भी, परन्तु हम साँझ को बाहर से थके शिथिल उसमें लौट कर द्वार बन्द कर अपने आपको सुरक्षित समझते हैं और वह सुरक्षित होते हुए भी रात भर दीवार तोड़कर बाहर जाने का उपाय सोचा करता है। इस मानसिक स्थिति का कारण केवल यही है कि एक को उसकी इच्छा के विरुद्ध सुरक्षित बना रखा है और दूसरा अपनी इच्छा तथा आवश्यकता के अनुसार घर से बाहर आ-जा सकता है। स्त्री की सामाजिक स्थिति यदि इतनी दयनीय न रहे, उसके जीवन और हृदय को यदि ऐसे कठोर बन्धनों में बाँधकर आहत न कर दिया जावे तो वह कभी अपनी इच्छा से ऐसा पतन न स्वीकार करे जो आत्मघात के अतिरिक्त और कुछ नहीं।

यह धारणा कि स्वावलम्बन के साधनों से युक्त स्त्री गृहिणी के कर्त्तव्य को हेय समझेगी, अतः गृह में अराजकता उत्पन्न हो जायेगी, भ्रान्तिमूलक सिद्ध होगी। स्त्रीत्व की सारी माधुर्यमयी गरिमा ही मातृत्व में केन्द्रित है। ऐसी स्त्री अपवाद है, जो अपनी इच्छा से स्वीकृत जीवन-संगी की सम्मति की चिन्ता न कर तथा अपने प्रिय बालकों को अरक्षित छोड़कर केवल आर्थिक स्वतन्त्रता की कामना से संसार के कठोर वातावरण में द्रव्य उपार्जन करने जाना चाहे। फिर यदि परिस्थितियों से बाध्य होकर उसे अपनी गृहस्थी सुख से चलाने के लिए ऐसा करना भी पड़े तो वह श्लाघनीय ही है। हमारे यहाँ आज भी श्रमजीवियों की स्त्रियाँ तथा किसानों की सहधर्मिणियाँ घर संभालती और जीविका के उपार्जन में पुरुष की सहायता भी करती हैं। इस चिन्ता से कि वे कहीं पुरुष के अधिकार के बाहर न चली जावें, उन्हें पुरुष मनोरंजनी विद्या के अतिरिक्त और कुछ न सिखाना उनके लिए भी घातक है और समाज के लिए भी, क्योंकि वे सच्ची सामाजिक प्राणी और नागरिक कभी बन ही नहीं पातीं।

शिक्षा की दृष्टि से स्त्रियों में दो प्रतिशत भी साक्षर नहीं हैं। प्रथम तो माता-पिता कन्या की शिक्षा के लिए कुछ व्यय ही नहीं करना चाहते, दूसरे यदि करते भी हैं तो विवाह की हाट में उनका मूल्य बढ़ाने के लिए, कुछ उनके विकास के लिए नहीं। इसी पत्नीत्व की अनिवार्यता से विद्रोह करके अनेक सुशिक्षित स्त्रियाँ गृहस्थ-जीवन में प्रवेश ही नहीं करना चाहतीं, क्योंकि उन्हें भय रहता है कि उनके सहयोगी उनके स्वतन्त्र व्यक्तित्व को एक क्षण भी सहन न कर सकेंगे। इस धारणा के लिए प्रमाणों की भी कमी नहीं रही। प्रत्येक भारतीय पुरुष चाहे वह जितना सुशिक्षित हो, अपने पुराने संस्कारों से इतना दूर नहीं हो सका है कि अपनी पत्नी को अपनी प्रदर्शिनी न समझे। उसकी विद्या, उसकी बुद्धि, उसका कला-कौशल और उसका सौन्दर्य सब उसकी आत्मश्लाघा के साधन मात्र हैं। जब कभी वह सजीव प्रदर्शन की प्रतिमा अपना

भिन्न व्यक्तित्व व्यक्त करना चाहती है, अपनी भिन्न रुचि या भिन्न विचार प्रकट करती है, तो वह पहले क्षुब्ध, फिर असन्तुष्ट हुए बिना नहीं रहता। कभी भारतीय पत्नी देश के लिए गरिमा की वस्तु रही होगी, परन्तु आज तो विडम्बना मात्र है। यदि समाज उसकी स्थिति को न समझेगा तो अपनी दशा के प्रति असन्तोष उसे वह करने पर बाध्य करेगा जिससे उसकी शेष महिमा भी नष्ट हो जावे।

□□

1934

जीवन का व्यवसाय

[1]

आदिम युग से ही नारी ने पशुबल में अपने आपको पुरुष से दुर्बल पाया। प्रकृति ने केवल उसके शरीर को ही अधिक सुकुमार नहीं बनाया। वरन् उसे मनुष्य की जननी का पद देकर उसके हृदय में अधिक समवेदना, आँखों में अधिक आर्द्रता तथा स्वभाव में अधिक कोमलता भर दी। मातृत्व के कारण उसके जीवन का अधिक अंश संघर्ष से भरे विश्व के एक छिपे कोने में बीतता रहा। पुरुष चाहे उसे युद्ध में जीतकर लाया, चाहे अपहरण कर; चाहे उसकी इच्छा से उसे प्राप्त कर सका, चाहे अनिच्छा से; परन्तु उसने प्रत्येक दशा में नारी को अपनी भावुकता का अर्घ्य देकर पूजा। नारी भी नारियल के कड़े छिलके के भीतर छिपे जल के समान पुरुष की बाह्य कठोरता के भीतर छिपी स्निग्ध प्रवृत्ति का पता पा गई थी। अतः उसने सारी शक्ति केवल उसकी कोमल भावना को जगाने में लगा दी। उसने न अपनी भुजाओं में शक्ति भरने और उस शक्ति के प्रदर्शन से पुरुष को चमत्कृत करने का प्रयत्न किया और न अपनी विद्याबुद्धि से पुरुष को पराजित करने का विचार किया। वह जानती थी कि इन गुणों के प्रदर्शन से पुरुष में प्रतिद्वन्द्विता की भावना जागेगी, परन्तु वह पराजित होने पर भी वशीभूत न हो सकेगा, क्योंकि प्रतिद्वन्द्वियों की हार-जीत में किसी प्रकार का आत्म-समर्पण भी सम्भव नहीं।

इसी से आदिम युग की नारी ने निरर्थक प्रतिद्वन्द्विता का भाव न रख कर अपने केशों में फूल उलझाये, कानों में कलियों के गुच्छे सजाये और अपने सम्पूर्ण नारीत्व के बल पर उसने बर्बर पुरुष को चुनौती दी! उस युग का कठोर पुरुष भी कोमल नारीत्व के सम्मुख कुण्ठित हो उठा। तब से न जाने कितने युग आये और चले गये, कितने परिवर्तन पुराने होकर नये परिवर्तनों को स्थान दे गये, परन्तु स्त्री तथा पुरुष के सम्बन्ध में जो तब सत्य था वह अब भी सत्य है। स्त्री ने न शारीरिक बल से पुरुष को जीता, और न विद्याबुद्धि से, फिर भी जय उसी की रही, क्योंकि पुरुष ने अपने नीरस जीवन को सरस बनाने के लिए उसकी मधुरता खोजी और उसका अधिक से अधिक मूल्य दिया।

परन्तु नारी के कर्त्तव्य की चरम सीमा उसके प्रेयसी होने ही में समाप्त नहीं होती;

उस पर मातृत्व का गुरु भार भी है। धीरे-धीरे वह सन्तान की असीम वात्सल्यमयी जननी बन कर, पुरुष को आकर्षित करनेवाली रमणीसुलभ विशेषताओं को भूलने लगी। उसके स्त्रीत्व के विकास तथा व्यक्तित्व की पूर्णता के लिए सन्तान साध्य है और रमणीत्व साधन मात्र। इसीलिए प्रत्येक रमणी माता बनकर एक परिवर्तित व्यक्ति बन जाती है। यह सत्य है कि प्रत्येक रमणी मातृत्व का अंकुर छिपाये हुए है। परन्तु यह संशयात्मक है कि प्रत्येक पूर्ण माता रमणीत्व से शून्य नहीं।

वास्तव में माता होकर उसकी इच्छा, भावना तथा चेष्टा में ऐसा परिवर्तन हो जाता है जो सूक्ष्म होकर भी स्पष्ट है और सीमित होकर भी जीवन भर में व्यापक है। जब स्त्री प्रेयसी से पत्नी तथा पत्नी से माता रूप में परिवर्तित हो गई तब उसके प्रति विशेष कर्त्तव्य के बन्धन में बँधे हुए पुरुष ने देखा तथा अनुभव किया कि वह स्त्री से अधिक महान हो जाने के कारण क्रीड़ा की वस्तु मात्र नहीं रह गई। पुरुष ने स्त्री के मातृ-रूप के सामने मस्तक झुकाया, उस पर हृदय की अतुल श्रद्धा चढ़ाई अवश्य, परन्तु पूजा-अर्चा से उसके अन्तस्तल की प्यास न बुझी। उसे ऐसी स्त्री की भी कामना रही, जो केवल मनोविनोद और क्रीड़ा के लिए होती, जो जीवन के आदि से अन्त तक केवल प्रेयसी ही बनी रह सकती और जिसके प्रति पुरुष कर्त्तव्य के कठोर बन्धन में न बँधा होता। पुरुष की इसी इच्छा का परिणाम हमारे यहाँ की वार-वनिताएँ हैं, जिन्हें जीवन भर केवल स्त्री और प्रेयसी ही बना रहना पड़ता है।

उनके जीवन का विकास एकांगी होता है। उनके हृदय की कल्याणमयी सुकोमल भावनाएँ प्रायः सुप्त ही रहती हैं और उनकी जीवन-शक्ति प्रकाश देने तथा जगत् में उपयोगी कार्य करने वाली विद्युत न होकर ऐसी विद्युत होती है जिसका पतन वृक्षों के पतन का पूर्वगामी बन जाता है।

उनके मन तथा शरीर दोनों को नित्य नवीन ही बने रहने का अभिशाप मिला है। उनके नारीत्व को दूसरों के मनोरंजन मात्र का ध्येय मिला है तथा उनके जीवन का तितली जैसे कच्चे रंगों से श्रृंगार हुआ है, जिसमें मोहकता है, परन्तु स्थायित्व नहीं। वह संसार का विकृत प्राणी मानकर दूर रखी गई, परन्तु विनोद के समय आवश्यक भी समझी गई, जैसे मनुष्य-समाज, हानि पहुँचाने वाले विचित्र पशु-पक्षियों को भी मनोरंजन के लिए कठघरों में सुरक्षित रखता है।

पुरुष ने ऐसी, केवल मनोरंजन के लिए जीवित रहने वाली, नारी के प्रेयसी भाव को और अधिक मधुर बनाने के लिए उसे भावोद्दीपक कलाओं की आराधना का अधिकार दिया। ऐसे अस्त्रों से सुसज्जित होकर वह और भी दुर्जेय हो उठी। उसने

फूल-जैसे हल्के चरणों से देवता के सामने तन्मयताभरा लास दिखाया, कोकिल से मीठे स्वरों में बँधे संगीत से मानव समुदाय को बेसुध करना सीखा तथा पुरुष की दुर्बल सुप्त प्रवृत्तियों को जगाने का अधिक से अधिक मूल्य माँगा और पाया। पुरुष ने उसे अपने कल्याण के लिए नहीं स्वीकार किया, वरन् बाह्य संसार के संघर्ष तथा शुष्कता से क्षण भर अवकाश पाने के लिए मदिरा के समान उसके साहचर्य का उपयोग किया। प्रश्न हो सकता है कि क्या स्त्री, पत्नी के रूप में पुरुष के संघर्षमय जीवन को अधिक सरल और सह्य न बना सकती थी? अवश्य ही बना सकती थी और बनाती रही है; परन्तु वह माता होकर जो स्निग्ध स्नेह दे सकती है वह उत्तेजक नहीं है और प्रायः पुरुष ऐसी उत्तेजना भी चाहता है, जिससे वह कुछ क्षणों के लिए संज्ञाशून्य-सा हो जावे।

गंगाजल मदिरा से अधिक कल्याणकारक तथा पवित्र है, परन्तु कोई भी अपने आपको भूलने की इच्छा रखने वाला उसकी पवित्रता पर ध्यान न देगा। स्त्री, पत्नी बनकर पुरुष को वह नहीं दे सकती जो उसकी पशुता का भोजन है। इसी से पुरुष ने कुछ सौन्दर्य की प्रतिमाओं को पत्नीत्व तथा मातृत्व से निर्वासित कर दिया। वह स्वर्ग में अप्सरा बनी और पृथ्वी पर वारांगना। राजकार्य से ऊबे हुए भूपालों की सभाएँ उससे सुसज्जित हुईं, युद्ध में प्राण देने जाने वाले वीरों ने तलवारों की झनझनाहट सुनने के पहले उसके नूपुरों की रुनझुन सुनी, अति विश्राम से शिथिल लक्ष्मी के कृपा-पात्रों के प्राण उसकी स्वरलहरी के कम्पन से कम्पित हुए और कर्त्तव्य के दृढ़ बन्धन में बँधी गृहिणी उसके अक्षय व्यावसायिक स्त्रीत्व के आकर्षण से सशंकित हो उठी। आँधी के समान उसका स्त्रीत्व बादल की छवि लेकर आया, परन्तु ध्वंस तथा धूल छोड़कर अज्ञात दिशा में बढ़ गया।

पुरुष के लिए वह आदिम युग की बन्धनहीन, कर्त्तव्य-ज्ञान-शून्य तथा समाजरहित नारीमात्र रही। पुरुष को आकर्षित करना उसका ध्येय तथा पराभूत करना उसकी कामना रही। मनुष्य में जो एक पशुता का, बर्बरता का अक्षय अंश है उसने सर्वदा ऐसी ही नारी की इच्छा की। इसी से ऐसी रूप-व्यवसायिनी स्त्री की उपस्थिति सब युगों में सम्भव रही। स्त्री के विकास या उसकी शक्तियों के विस्तार के लिए ऐसा जीवन कितना आवश्यक या उपयुक्त है, इस पर पुरुष ने प्रायः विचार नहीं किया। विचार करने की उसे आवश्यकता भी नहीं थी। उसके पास त्याग, बलिदान तथा आत्मसमर्पण का मर्म जानने वाली एक पत्नी थी ही। माता और बहिन के स्नेह से भी उसके प्राण स्निग्ध थे। फिर वह इस रूप की हाट में उत्तेजना बेचने वाली कलामयी नारी के हृदय की भूख क्योंकर समझता? उसे भी अपनी पूर्णता के लिए

सौन्दर्य के विक्रय के अतिरिक्त और कुछ चाहिए, यह कैसे मान लेता? यदि यह रूपसी भी माता बनकर वात्सल्य का वितरण करने लगती तो फिर पुरुष नारी का केवल प्रेयसी रूप कहाँ और किसमें देखता, उत्तेजना की मदिरा कहाँ और कैसे पाता?

उसने कहीं इस स्त्री को देवता की दासी बनाकर पवित्रता का स्वाँग भरा, कहीं मंदिर में नृत्य कराकर कला की दुहाई दी और कहीं केवल अपने मनोविनोद की वस्तु-मात्र बनाकर अपने विचार में गुण-ग्राहकता ही दिखाई।

यदि स्त्री की ओर से देखा जाय तो निश्चय ही देखनेवाला काँप उठेगा। उसके हृदय में प्यास है, परन्तु उसे भाग्य ने मृगमरीचिका में निर्वासित कर दिया है। उसे जीवन भर आदि से अन्त तक सौन्दर्य की हाट लगानी पड़ी, अपने हृदय की समस्त कोमल भावनाओं को कुचलकर, आत्मसमर्पण की सारी इच्छाओं का गला घोंटकर, रूप का क्रय-विक्रय करना पड़ा—और परिणाम में उसके हाथ आया निराश हताश एकाकी अन्त।

उसने क्या खोया और क्या पाया, इसका विचार करने का संसार ने उसे अवकाश ही न दिया और यदि देता भी तो सम्भव है वह तब अपना हानि-लाभ जानने की बुद्धि नहीं रखती। जीवन की एक विशेष अवस्था तक संसार उसे चाटुकारी से मुग्ध करता रहता है, झूठी प्रशंसा की मदिरा से उन्मत्त करता रहता है, उसके सौन्दर्य-दीप पर शलभ-सा मँडराता रहता है परन्तु उस, मादकता के अन्त में, उस बाढ़ के उतर जाने पर उसकी ओर कोई सहानुभूति भरे नेत्र भी नहीं उठाता। उस समय उसका तिरस्कृत स्त्रीत्व, लोलुपों के द्वारा प्रशंसित रूप-वैभव का भग्नावशेष क्या उसके हृदय को किसी प्रकार की सान्त्वना भी दे सकता है? जिन परिस्थितियों ने उसका गृह-जीवन से बहिष्कार किया, जिन व्यक्तियों ने उसके काले भविष्य को सुनहले स्वप्नों से ढाँका, जिन पुरुषों ने उसके नूपुरों की रुनझुन के साथ अपने हृदय के स्वर मिलाये और जिस समाज ने उसे इस प्रकार हाट लगाने के लिए विवश तथा उत्साहित किया, वे सब क्या कभी उसके एकाकी अनत का भार कम करने लौट सके?

यह सम्भव नहीं था कि उसने अपने सुनहरे दिनों के साथियों पर विश्वास न किया हो, उनके प्रत्येक वाक्य में सच्ची सदिच्छा न देखी हो, परन्तु उसके वे अनुभव अन्त में मिथ्या ही निकलते हैं।

किसी भी विषय को सदा भावुकता के दृष्टिकोण से देखना उचित नहीं होता। इन स्त्रियों की स्थिति को भी हम केवल इसी दृष्टिकोण से देखकर न समझ सकेंगे। उनकी स्थिति का यथार्थ रूप में देखने के लिए हमें उसे कुछ व्यावहारिक रूप में भी

देखना होगा। अनेक व्यक्तियों का मत है कि चाहे जितना प्रयत्न किया जाय, स्त्री-समुदाय में कुछ स्त्रियाँ अवश्य ही ऐसी होंगी जो गृहस्थ जीवन तथा मातृत्व की अपेक्षा ऐसा स्वतन्त्र जीवन ही स्वीकार करेंगी तथा कुछ-कुछ का मत है कि अनेक पुरुषों को ऐसी रूप की हाट की आवश्यकता भी रहेगी। पुरुष को आवश्यकता रहेगी, इसलिए स्त्री को अपना जीवन बेचना होगा, यह कहना तो न्यायसंगत न होगा। कोई भी सामाजिक प्राणी अपनी आवश्यकता के लिए किसी अन्य के स्वार्थ की हत्या नहीं कर सकता।

□□

इन स्त्रियों ने, जिन्हें गर्वित समाज पतित के नाम से सम्बोधित करता आ रहा है, पुरुष की वासना की वेदी पर कैसा घोरतम बलिदान दिया है, इस पर कभी किसी ने विचार भी नहीं किया। पुरुष की बर्बरता, रक्तलोलुपता पर बलि होनेवाले युद्ध वीरों के चाहे स्मारक बनाये जावें, पुरुष की अधिकार-भावना को अक्षुण्ण रखने के लिए प्रज्ज्वलित चिता पर क्षण भर में मर मिटने वाली नारियों के नाम चाहे इतिहास के पृष्ठों में सुरक्षित रह सकें; परन्तु पुरुष की कभी न बुझने वाली वासनाग्नि में हँसते-हँसते अपने जीवन को तिल-तिल जलाने वाली इन रमणियों को मनुष्य-जाति ने कभी दो बूँद आँसू पाने का अधिकारी भी नहीं समझा। न समझना ही अधिक स्वाभाविक था; क्योंकि इन्हें सहानुभूति का पात्र समझना, इनकी दयनीय स्थिति तथा इनके कठिन बलिदान का मूल्य आँकना पुरुष को उसकी दुर्बलता का स्मरण करा देता है। चाहे कभी किसी स्वर्णयुग में बुद्ध से अम्बपाली को करुणा की भीख मिल गई हो, चाहे कभी ईसा से किसी पतिता ने अक्षय सहानुभूति माँग ली हो, परन्तु साधारणतः समाज से ऐसी स्त्रियों को असीम घृणा और घोर तिरस्कार ही प्राप्त हुआ।

यह सत्य है कि युगों से हमारी विनोद सभाएँ तथा विवाह आदि पवित्र उत्सव इनके बिना शोभाहीन समझे जाते रहे। प्राचीनकाल में तो देवताओं की अर्चना में भी नर्तकियों की आवश्यकता पड़ जाती थी परन्तु इन सब आडम्बरों की उपस्थिति में भी उस जाति को समाज से कोई सहानुभूति नहीं मिल सकी।

क्रीतदासी न होने पर भी उसकी दासता इतनी परिपूर्ण रही कि वह अपने जीवन का गर्हिततम व्यवसाय करने के लिए विवश थी। उसे अपने घर के द्वार समाज के कुत्सित से कुत्सित व्यक्ति के लिए भी खुले रखने पड़े और भागने का प्रयत्न करने पर समाज ने उसके लिए सभी मार्ग रुद्ध कर दिये। वह पत्नीत्व से तो निर्वासित थी ही, जीविका के अन्य साधनों को अपनाने की स्वतंत्रता भी न पा सकी। उसकी दशा उस व्यक्ति के समान दयनीय हो उठी, जिसे घर के सब द्वारों में आग लगाकर धुएँ में घुट जाने के लिए विवश किया जा रहा हो।

कभी कोई ऐसा इतिहासकार न हुआ जो इन मूक प्राणियों की दुःखभरी जीवनगाथा लिखता; जो इनके अँधेरे हृदय में इच्छाओं के उत्पन्न और नष्ट होने की करुण-कहानी सुनाता, जो इनके रोम-रोम को जकड़ लेने वाली शृंखला की कड़ियाँ

ढालने वालों के नाम गिनाता और जो इनके मधुर जीवनपात्र में तिक्त विषय मिलाने वाले का पता देता। क्या यह उन स्त्रियों की सजातीय नहीं हैं, जिनकी दुग्ध-धारा से मानवजाति पल रही है? क्या यह इन्हीं की बहिनें नहीं हैं, जिन्होंने पुरुष को पति का पद देकर अकुण्ठित भाव से परमेश्वर के आसन पर आसीन कर दिया? और क्या यह उन्हीं की पुत्रियाँ नहीं हैं, जिनके प्रेम, त्याग और साधना ने झोपड़ों में स्वर्ग और मिट्टी के पुतलों में अमरता उतार ली है? जो एक स्त्री कर सकती है, वह दूसरी के लिए भी असंभव नहीं हो सकता, यदि दोनों की परिस्थितियाँ समान हों।

मनुष्य जाति के सामान्य गुण सभी मनुष्यों में कम या अधिक मात्रा में विद्यमान रहेंगे। केवल विकास के अनुकूल या प्रतिकूल परिस्थितियाँ उन्हें बढ़ा-घटा सकेंगी। पतित कही जाने वाली स्त्रियाँ भी मनुष्य-जाति से बाहर नहीं हैं, अतः उनके लिए भी मानव-सुलभ प्रेम, साधना और त्याग अपरिचित नहीं हो सकते। उनके पास भी धड़कता हुआ हृदय है, जो स्नेह का आदान-प्रदान चाहता रहता है, उनके पास भी बुद्धि है, जिसका समाज के कल्याण के लिए उपयोग हो सकता है और उनके पास भी आत्मा है, जो व्यक्तित्व में अपने विकास और पूर्णता की अपेक्षा रखती है। ऐसे सजीव व्यक्ति को एक ऐसे गर्हित व्यवसाय के लिए बाध्य करना जिसमें उसे जीवन के आदि से अन्त तक, उमड़ते हुए आँसुओं को अंजन से छिपाकर, सूखे हुए अधरों को मुस्कराहट से सजाकर और प्राणों के क्रन्दन को कण्ठ ही में रुँध कर धातु के कुछ टुकड़ों के लिए अपने आपको बेचना होता है, हत्या के अतिरिक्त और कुछ नहीं है।

और भी जब इतना घोर बलिदान, इतनी निष्ठुर हत्या केवल मनुष्य की पशुता की तुष्टि के लिए की जाती हो, तब इस क्रूर कार्य के उपयुक्त नाम किसी भी कोष में पाना कठिन होगा। जैसे दास-प्रथा के युग में स्वामियों के निकट दास व्यक्ति न होकर यन्त्र मात्र था, वैसे ही समाज सदा से पतित स्त्रियों को समझता आ रहा है। उसके निकट ऐसी स्त्रियाँ मनोरंजन का निर्जीव साधन मात्र हैं। यदि उसे कभी चिन्ता भी होती है तो पुरुष-समाज के हानि-लाभ की। उस दशा में वह इन अभागिनियों को ऐसे स्थान में सुरक्षित रखने के नियम बनाता है, जहाँ सुगमता से किसी की दृष्टि न पहुँच सके; परन्तु उनकी स्थिति में परिवर्तन करना उसका अभीष्ट कभी नहीं रहा। हमारे समाज ने कुष्ठ के रोगियों के लिए भी आश्रम बनाये, विक्षिप्तों के लिए भी चिकित्सालयों का प्रबन्ध किया, परन्तु इनके कल्याण का कोई मार्ग नहीं ढूँढ़ा। उसने अपना वासना-विक्षिप्तों को निर्वासित नहीं किया, वरन् उनके सुख के लिए स्वस्थ मन और शरीर वाली स्त्रियों को गृह की सीमा से निर्वासन दण्ड दे डाला।

यह अन्याय ही नहीं, निष्ठुर अत्याचार भी था, इसे प्रमाणित करने के लिए प्रमाणों की आवश्यकता नहीं। हम उनकी ओर से आँख मूँदकर कुछ समय के लिए अपने अन्याय को अनदेखा कर सकते हैं, परन्तु हमारी यह उदासीनता उसे न्याय नहीं बना सकती। जिस समाज में इतनी अधिक संख्या में व्यक्ति आत्म-हनन के लिए विवश किये जाते हों, अपने स्वस्थ और सुन्दर शरीर को व्याधिग्रस्त कुरूप तथा निर्दोष मन को दूषित बनाने के लिए बाध्य किये जाते हों, उस समाज की स्थिति कभी स्पृहणीय नहीं कही जा सकती।

कोई भी निष्पक्ष इतिहासकार या समाज-शास्त्रवेत्ता बता सकेगा कि मनुष्य का असंयम और उसकी बढ़ी हुई विलास-लालसा ही समय-समय पर मनुष्य-जाति के पतन का कारण बनती रही है। जिस दुराचार को रोकने के लिए मनुष्य ने इस निष्ठुर प्रथा की सृष्टि की होगी, उसे इससे प्रश्रय ही मिला। मदिरा से भी कभी किसी की प्यास बुझी है! ज्यों-ज्यों मनुष्य-जाति में छिपी हुई पशुता को भोजन मिलता गया वह और अधिक सबल होती गई तथा उसके बढ़े हुए आकार को अधिक खाद्य की आवश्यकता पड़ती गई। होते-होते हमारी पशुता ने न जाने कितने नाम, रूप और आकार धारण कर लिये। आदिम मनुष्य की पशुता नैसर्गिक बन्धनों में बँधी हुई थी, परन्तु आज के मनुष्य की पाशविक प्रवृत्ति सर्वथा स्वतन्त्र है। उसके कृत्रिम जीवन के समान उसकी प्रवृत्तियाँ और विकास भी कृत्रिम होकर पहले से अधिक भयंकर हो उठे हैं। वह अपने जीने के अनेक साधन ही ढूँढ़कर सन्तुष्ट नहीं हो सका है, वरन् उसने दूसरों को नष्ट करने के असंख्य उपायों का आविष्कार भी कर लिया है। यदि वह अपने शरीर के फोड़े को नश्तर से अच्छा करना सीख गया है तो उसके साथ ही सुई जैसे यन्त्र द्वारा दूसरे के शरीर में विष पहुँचा कर उसे नष्ट करना भी जान गया है। इसी से आज कि पतित स्त्री की स्थिति प्राचीनकाल की नर्तकी से भिन्न और अधिक दयनीय है। आज असती मेनका से साध्वी शकुन्तला की उत्पत्ति सम्भव नहीं है, जिसे भरत-जैसे राजर्षि की जननी होने का सौभाग्य मिला था; आज वारांगना वसन्तसेना का अनन्य प्रेम स्वप्न है, जिसे पाकर कोई भी पत्नी अपने स्त्रीत्व को सफल समझ सकती थी।

वर्तमान समाज जिस स्त्री को निर्वासन-दण्ड देना चाहता है, उसके फूटे कपाल को ऐसे लोहे से दाग देता है जिसका चिह्न जन्म-जन्मान्तर के आँसुओं से भी नहीं धुल पाता। किसी दिशा में भी न वह और न उसकी तिरस्कृत सन्तति इस कलंक कालिमा से छुटकारा पाने की आशा कर सकते हैं। उसे मूक भाव से युग-युगान्तर तक इस दण्ड का (जिसे पाने के लिए उसने कोई अपराध नहीं किया) भोग करते हुए समाज के उच्छृंखल व्यक्तियों की सीमातीत विलास-वासना का बाँध बनकर

जीवित रहना पड़ता है। उसके लिए कोई दूसरी गति नहीं, कोई दूसरा मार्ग नहीं और कोई दूसरा अवलम्ब नहीं। वह ऐसी ढालू राह पर निरवलम्ब छोड़ दी जाती है, जहाँ से नीचे जाने के अतिरिक्त और कोई उपाय ही नहीं रहता।

कुछ व्यक्तियों का मत है कि ये स्त्रियाँ अपनी जीविका के लिए स्वेच्छा से इस व्यवसाय को स्वीकार करती हैं और किसी भी दशा में अपनी स्थिति में परिवर्तन नहीं चाहतीं। यह कल्पना यदि सत्य है तो इससे स्त्री का नहीं वरन् सारी मानव-जाति के पतन का प्रमाण मिलता है और यदि असत्य है तो मनुष्य इससे अधिक अपना अपमान नहीं कर सकता। सम्भव है, सौ में एक स्त्री ऐसी मिल जावे जो मन में ऐसे व्यवसाय को अपमान का कारण न समझती हो, परन्तु उसके जीवन का इतिहास कोई दूसरी ही कहानी सुनायेगा। परिस्थितियों ने उसके हृदय को इतना आहत किया होगा, समाज की निष्ठुरता ने उसकी इच्छाओं को इतना कुचला होगा, मनुष्य ने उसे इतना छला होगा कि व आत्मगौरव को आडम्बर और स्नेह तथा त्याग को स्वप्न समझने लगी होगी।

स्नेह ही मनुष्यता के मन्दिर का एकमात्र देवता है। जब वही प्रतिमा खण्ड-खण्ड होकर धूल में बिखर जाती है, तब उस मन्दिर का ध्वंस हुए बिना नहीं रहता। जैसे प्रतिमा के बिना मन्दिर किसी भी नाम से पुकारा जा सकता है, उसी प्रकार स्नेहशून्य मनुष्य किसी भी पशु की श्रेणी में रखा जा सकता है। स्त्री के हृदय से जब स्नेह का बहिष्कार हो जाता है, उसकी कोमलतम भावनाएँ जब कुचल दी जाती हैं, तब वह भी कोई और ही प्राणी बन जाती है। उसमें फिर गरिमामय स्त्रीत्व की प्राणप्रतिष्ठा करने के लिए मनुष्य की ही अजस्त्र सहानुभूति तथा स्निग्धतम स्नेह चाहिए। परन्तु हमारे समाज का निर्माण ही इस प्रकार हुआ है, उसकी व्यवस्था ही इसी प्रकार हुई कि वह स्त्री से न किसी भूल की आशा रखता है और न उन भूलों की क्षमता में विश्वास करता है। पहले से ही वह स्त्री को पूर्णतम मनुष्य मान लेता है और जहाँ कहीं अपने इस विश्वास में सन्देह का लेशमात्र भी देख पाता है, वहाँ स्त्री को मनुष्य कहलाने का भी अधिकार देना स्वीकार नहीं करता।

मानव-जाति की जननी और उसके चरित्र की विधात्री होने के कारण, यदि स्त्री के जीवन का आदर्श कुछ ऊँचा रखा गया तो समाज ने कोई विशेष अन्याय नहीं किया। परन्तु अन्याय यही हुआ कि अपने आदर्श की चिन्ता में उसने मनुष्य-स्वभावगत उन दुर्बलताओं का कोई ध्यान ही नहीं रखा, जो स्त्री और पुरुष दोनों में समान रूप से विद्यमान रहती हैं। जीवन का आदर्श और उस तक पहुँचने की साधना जितनी सत्य है, उस साधना के मार्ग में समय-समय पर मिलने वाली बाधाएँ भी उससे

कम सत्य नहीं। उचित तो यही था कि स्त्री और पुरुष दोनों को अपनी भूलों को सुधार कर साधना के पथ पर अग्रसर होने रहने की सुविधाएँ मिलती रहतीं, परन्तु पुरुष के अधिक सबल और समाज के निर्मायक तथा विधायक होने के कारण ऐसा न हो सका। उसके छोटे ही नहीं, बड़े-बड़े चरित्रगत दोषों और त्रुटियों को समाज ने प्रायः अनदेखा कर दिया और अन्त में परिस्थिति ऐसी हो गई कि उसके जीवन में साधना का कोई विशेष स्थान नहीं रह गया।

परन्तु समाज का आदर्श तो स्थिर रखना ही था, इसलिए स्त्री पर साधना का भर और भी गुरु हो उठा। उसकी भूलें अक्षम्य समझी गईं, उसकी स्वभावगत मानवीय दुर्बलताओं को दूर करने के लिए कठिनतम बन्धनों का आविष्कार किया गया तथा उसकी कामनाओं को केवल समाज के कल्याण में लगाने के लिए उन्हें दुर्वह संयम से घेरा गया। स्त्री ने साहस से हँसते-हँसते अपने भार को वहन किया। उसने कभी किसी भी त्याग या बलिदन के सम्मुख कातरता नहीं दिखाई, किसी भी बन्धन से वह भयभीत नहीं हुई और समाज के कल्याण के लिए उसने अपने सारे जीवन को बिना विचारे हुए ही चिर-निवेदित कर दिया। परन्तु वह त्रुटियों से पूर्ण मनुष्य ही थी! अनेक स्त्रियाँ साधना की चरम सीमा तक पहुँच गईं सही, परन्तु कुछ उस पथ को पार न कर सकीं। समाज ने इन विचलित दुर्बल नारियों को दूसरी बार प्रयत्न करने का अवसर देने की उदारता नहीं दिखाई, वरन् उन्हें पतन के और गहरे गर्त की ओर ढकेल दिया।

उनकी असंख्य बहिनों द्वारा किये हुए बलिदान ही उनके दोषों और क्षणिक अस्थिरता का प्रक्षालन कर सकते थे, परन्तु समाज ने उन दुर्बल नारियों का एक नवीन समाज बना डाला। इन अबलाओं को समाज के कुष्ठगलित अंग के समान घृणित व्यक्तियों ने अपनी मनोविनोद का साधन मात्र बनाकर रखा। इन्हें अपनी जीविका के लिए शरीर और आत्मा दोनों को किस प्रकार मिट्टी के मोल बेचना पड़ा, यह करुण-कहानी सभी जानते हैं।

कितनी ही छोटी-छोटी भूलों, कितने ही तुच्छ दोषों के दण्ड-स्वरूप उन स्त्रियों को समाज से चिर-निर्वासन मिला है। जो सुयोग्य पत्नियाँ और वात्सल्यमयी माताएँ बन सकती थीं उन्हें आकण्ठ पंक में डुबा कर पुरुष अब यह कहते हुए भी लज्जित नहीं होता कि ये स्वेच्छा से ऐसा घृणित व्यवसाय करने आती हैं। उसने स्त्री के चारों ओर विलासिता और प्रलोभनों के जाल बिछाकर उसे साधना के शिखर तक पहुँचने का आदेश दिया है। उस पर यदि कभी वह अपने पथ पर क्षण भर रुककर उन प्रलोभनों की ओर देख भी लेती है तो समाज उसे शव के समान, मांसभक्षी जन्तुओं

के आगे फेंक देता है, जहाँ से वह मृत्यु के उपरांत ही छुटकारा पा सकती हैं। जिसने इस स्थिति से निकलने का प्रयत्न भी किया, हमने उसे कोई अवलम्बन नहीं दिया, किसी प्रकार की आशा नहीं दी। इस पर भी हमें अभिमान है कि हम उस मनुष्य जाति के सदस्य हैं, जो सहानुभूति और प्रेम का आदान-प्रदान करने के कारण ही पशुओं से भिन्न है। समाज की बर्बरतापूर्ण विलासिता की परिणाम-स्वरूपिणी इन नारियों को हमने कब कितनी सहानुभूति दी है, यह कहना कठिन है। हाँ तिरस्कार हम जितना दे सकते थे, दे चुके हैं और देते रहेंगे।

यह तिरस्कार भी साधारण नहीं वरन् समाज की अत्यन्त लोलुपता और निष्ठुरता का सम्मिश्रित फल है। समाज इनके प्रति घृणा के साथ-साथ एक अनिवार्य आसक्ति का भी अनुभव करता है। सभ्य और सुसंस्कृत व्यक्तियों से भरे नगरों में सहस्रों की संख्या में इनकी उपस्थिति तथा उस उपस्थिति को स्थायी बनाने और उस संख्या को बढ़ाते रहने के क्रमबद्ध साधन और निश्चित प्रयत्न क्या यह प्रमाणित नहीं करते? पतित कही जाने वाली स्त्रियों के प्रति समाज की घृणा हाथी के दाँत के समान बाह्य प्रदर्शन के लिए हैं और उसका उपयोग स्वयं उसकी मिथ्या प्रतिष्ठा की रक्षा तक सीमित है। पुरुष इनका तिरस्कार करता है समाज से पुरस्कार पाने की इच्छा से और इन अभागे प्राणियों को इस यातनागार में सुरक्षित रखता है अपनी अस्वस्थ लालसा की आग बुझाने के लिए जो इनके जीवन को राख का ढेर करके भी नहीं बुझती। समाज पुरुषप्रधान है, अतः पुरुष की दुर्बलताओं का दण्ड उन्हें मिलता है जिन्हें देखकर वह दुर्बल हो उठता है। इस प्रकार उन स्त्रियों का अभिशाप दोहरा हो जाता है; एक ओर उन्हें जीवन के सारे कोमल स्वप्न, भव्य आदर्श, मधुर इच्छाएँ कुचल देनी पड़ती हैं और दूसरी ओर सामाजिक व्यक्ति के अधिकारों से वंचित होना पड़ता है।

पुरुष की स्थिति इसके विपरीत है। किसी भी पुरुष का कैसा भी चारित्रिक पतन उससे सामाजिकता का अधिकार नहीं छीन लेता, उसे गृह-जीवन से निर्वासन नहीं देता, सुसंस्कृत व्यक्तियों में उसका प्रवेश निषिद्ध नहीं बनाता और धर्म से लेकर राजनीतिक तक सभी क्षेत्रों में ऊँचे-ऊँचे पदों तक पहुँचने का मार्ग नहीं रोक लेता। साधारणतः महान दुराचारी पुरुष भी परम सती स्त्री के चरित्र का आलोचक ही नहीं न्यायकर्ता भी बना रहता है। ऐसी स्थिति में पतित स्त्रियों के जीवन में परिवर्तन लाने का स्वप्न सत्य हो नहीं सकता। जब तक पुरुष को अपने अनाचार का मूल्य नहीं देना पड़ेगा तब तक इन शरीर-व्यवसायिनी नारियों के साथ किसी रूप में कोई न्याय नहीं किया जा सकता।

1934 ◻◻

स्त्री के अर्थ-स्वातंत्र्य का प्रश्न

[1]

अर्थ सदा से शक्ति का अन्ध-अनुगामी रहा है। जो अधिक सबल था उसने सुख के साधनों का प्रथम अधिकारी अपने आपको माना और अपनी इच्छा और सुविधा के अनुसार ही धन का विभाजन करना कर्त्तव्य समझा। यह सत्य है कि समाज की स्थिति के उपरान्त उसके विकास के लिए, प्रत्येक व्यक्ति को, चाहे वह सबल रहा चाहे निर्बल, मेधावी था चाहे मन्दबुद्धि, सुख के नहीं तो जीवन-निर्वाह के साधन देना आवश्यक-सा हो गया; परन्तु यह आवश्यकता भी शक्ति की पक्षपातिनी ही रही। सबल ने दुर्बलों को उसी मात्रा में निर्वाह की सुविधाएँ देना स्वीकार किया, जिस मात्रा में वे उसके लिए उपयोगी सिद्ध हो सके। इस प्रकार समाज की व्यवस्था में भी वह साम्य न आ सका जो सबके व्यक्तित्व को किसी एक तुला पर तोलता।

सारी राजनीतिक, सामाजिक तथा अन्य व्यवस्थाओं की रूपरेखा शक्ति-द्वारा ही निर्धारित होती रही और सबल की सुविधानुसार ही परिवर्तित और संशोधित होती गई, इसी से दुर्बल को वही स्वीकार करना पड़ा जो सुगमतापूर्वक मिल गया। यही स्वाभाविक भी था।

आदिम युग से सभ्यता के विकास तक स्त्री सुख के साधनों में गिनी जाती रही। उसके लिए परस्पर संघर्ष हुए, प्रतिद्वन्द्विता चली, महाभारत रचे गये और उसे चाहे इच्छा से हो और चाहे अनिच्छा से, उसी पुरुष का अनुगमन करना पड़ता रहा जो विजयी प्रमाणित हो सका। पुरुष ने उसके अधिकार अपने सुख की तुलना पर तोले, उसकी विशेषता पर नहीं; अतः समाज की सब व्यवस्थाओं में उसके और पुरुष के अधिकारों में एक विचित्र विषमता मिलती है। जहाँ तक सामाजिक प्राणी का प्रश्न है—स्त्री, पुरुष के समान ही सामाजिक सुविधाओं की अधिकारिणी है, परन्तु केवल अधिकार की दुहाई देकर ही तो वह सबल निर्बल का चिरन्तन संघर्ष और उससे उत्पन्न विषमता नहीं मिटा सकती।

एक ओर सामाजिक व्यवस्थाओं ने स्त्री को अधिकार देने में पुरुष की सुविधा का विशेष ध्यान रखा है, दूसरी ओर उसकी आर्थिक स्थिति भी परावलम्बन से रहित

नहीं रही। भारतीय स्त्री के संबंध में पुरुष का भर्ता नाम जितना यथार्थ है उतना सम्भवतः और कोई नाम नहीं। स्त्री, पुत्री, पत्नी, माता आदि सभी रूपों में आर्थिक दृष्टि से कितनी परमुखापेक्षिणी रहती हैं, यह कौन नहीं जानता! इस आर्थिक विषमता के पक्ष और विपक्ष दोनों ही में बहुत कुछ कहा जा सकता है और कहा जाता रहा है।

आर्थिक दृष्टि से स्त्री की जो स्थिति प्राचीन समाज में थी, उसमें अब तक परिवर्तन नहीं हो सका, यह विचित्र सत्य है।

वेद-कालीन समाज में पुरुष ने नवीन देश में फैलने के लिए सन्तान की आवश्यकता के कारण और अनाचार को रोकने के लिए विवाह को बहुत महत्त्व दिया और सन्तान की जन्मदात्री होने के कारण स्त्री भी अपूर्व गरिमामयी हो उठी। उसे यज्ञ जैसे धर्म-कार्यों में पति का साथ देने के लिए सहधर्मिणीत्व और गृह की व्यवस्था के लिए गृहणीत्व का श्लाघ्य पद भी प्राप्त हुआ, परन्तु धार्मिक और सामाजिक दृष्टि से उन्नत होने पर भी आर्थिक दृष्टि से वह नितान्त परतंत्र ही रही।

गृह और सन्तान के लिए द्रव्य-उपार्जन पुरुष का कर्त्तव्य था, अतः धन स्वभावतः उसी के अधिकार में रहा। गृहिणी गृहपति की आय के अनुसार व्यय कर गृह का प्रबंध और सन्तान-पालन आदि कार्य करने की अधिकारिणी मात्र थी।

प्राचीन समाज में पुरुष से भिन्न स्त्री की स्थिति स्पृहणीय मानी ही नहीं गई, इसके पर्याप्त उदाहरण उस समय की सामाजिक व्यवस्था में मिल सकेंगे। प्रत्येक कुमारिका वयस्क होने पर गृहस्थ धर्म में दीक्षित होकर पति के गृह चली जाती थी और फिर पुत्रों के समर्थ होने पर वानप्रस्थ आश्रम में पति की अनुगामिनी बनती थी। पुत्र पिता की समस्त संपत्ति का अधिकारी होता था, परन्तु कन्या को विवाह के अवसर पर प्राप्त होने वाले यौतुक के अतिरिक्त और कुछ देने की आवश्यकता ही नहीं समझी गई। जिन कुमारिकाओं ने गृह-धर्म स्वीकार नहीं किया उन्हें तपस्विनी के समान अध्ययन में जीवन व्यतीत करने की स्वतंत्रता थी, परन्तु उस स्थिति में गृहस्थ के समान ऐवर्श्यभोग उनका ध्येय नहीं रहता था।

स्त्री को इस प्रकार पिता की संपत्ति से वंचित करने में क्या उद्देश्य रहा, यह कहना कठिन है। यह भी संभव है कि स्त्री के निकट वैवाहिक जीवन को अनिवार्य रखने के लिए ऐसी व्यवस्था की गई हो और यह भी हो सकता है कि पुरुष ने उस संघर्षमय जीवन में इस विधान की ओर ध्यान देने का अवकाश ही न पाया हो। कन्या को पिता की सम्पत्ति में स्थान देने पर एक कठिनाई और भी उत्पन्न हो सकती थी। कभी युवतियाँ स्वयंवरा होती थीं और कभी विवाह के लिए बलात् छीनी भी जा सकती

थीं। ऐसी दशा में पैतृक संपत्ति में उनके उत्तराधिकारी होने पर अन्य परिवारों के व्यक्तियों का प्रवेश भी वंश-परम्परा को अव्यवस्थित कर सकता था। चाहे जिस कारण से हो, परन्तु इस विधान ने पिता के गृह में कन्या की स्थिति को बहुत गिरा दिया, इसमें संदेह नहीं। विधवा भी पुनर्विवाह के लिए स्वतन्त्र थी, अतएव उसके जीवन-निर्वाह के लिए विशेष प्रबंध की ओर किसी ने ध्यान नहीं दिया।

प्राचीन समाज का ध्यान अपनी वृद्धि की ओर अधिक होने के कारण उसने स्त्री के मातृत्व का विशेष आदर किया, यह सत्य है; परन्तु सामाजिक व्यक्ति के रूप में उसके विशेष अधिकारों का मूल्य आँकना संभव न हो सका। उसके निकट स्त्री, पुरुष की संगिनी होने के कारण ही उपयोगी थी, उससे भिन्न उसका अस्तित्व चिन्ता करने योग्य ही नहीं रहता था। अपनी सम्पूर्ण सुविधाओं और समस्त सुखों के लिए स्त्री का पुरुष पर निर्भर रहना ही अधिक स्वाभाविक था, अतः समाज ने किसी ऐसी स्थिति की कल्पना ही नहीं की, जिसमें स्त्री-पुरुष से सहायता बिना माँगे हुए ही जीवन-पथ पर आगे बढ़ सके। पिता, पति, पुत्र तथा अन्य संबंधियों के रूप में पुरुष स्त्री का सदा ही भरण-पोषण कर सकता था, इसलिए उसकी आर्थिक स्थिति पर विचार करने की किसी ने आवश्यकता ही न समझी। स्त्री के प्रति समाज की यह धारणा इतनी पुरानी हो गई है कि अब उसकी अस्वाभाविकता और अनौचित्य को हम एक प्रकार से भूल ही गये हैं, अन्यथा ऐसी स्थिति बहुत काल तक न ठहर सकती।

आरम्भ में प्रायः सभी देशों के समाज ने स्त्री को कुछ स्पृहणीय स्थान नहीं दिया परन्तु सभ्यता के विकास के साथ-साथ स्त्री की स्थिति में भी परिवर्तन होता गया। वास्तव में स्त्री की स्थिति समाज का विकास नापने का मापदंड कही जा सकती है। नितान्त बर्बर समाज में स्त्री पर पुरुष वैसा ही अधिकार रखता है, जैसा वह अपनी अन्य स्थावर सम्पत्ति पर रखने को स्वतंत्र है। उसके विपरीत पूर्ण विकसित समाज में स्त्री पुरुष की सहयोगिनी तथा समाज का आवश्यक अंग मानी जाकर माता तथा पत्नी के महिमामय आसन पर आसीन रहती है।

भारतीय स्त्री की स्थिति में आदिम-युग की स्त्री की परवशता और पूर्ण विकसित समाज के नारीत्व की गरिमा का विचित्र सम्मिश्रण है। उसके प्रति समाज की श्रद्धा की मात्रा पर विचार कर कोई उसे पूर्ण संस्कृत समाज का अंग ही समझ सकता है, परन्तु उसके जीवन का व्यावहारिक रूप एक दूसरी ही करुण गाथा सुनाता है। सम्भवतः उस धर्मप्राण युग ने स्त्री को धार्मिक तथा सामाजिक दृष्टि से उन्नत स्थान देकर ही अपने कर्त्तव्य की इति समझ ली; उसकी व्यावहारिक कठिनाइयों की ओर उसका ध्यान ही नहीं जा सका। मातृत्व की गरिमा से गुरु और पत्नीत्व के सौभाग्य

से ऐश्वर्यशालिनी होकर भी भारतीय नारी अपने व्यावहारिक जीवन में सबसे अधिक क्षुद्र और रंक कैसे रह सकी, यही आश्चर्य है। समाज ने उसे पुरुष की सहायता पर इतना निर्भर कर दिया कि उसके सारे त्याग, सारा स्नेह और संपूर्ण आत्म-समर्पण बन्दी के विवश कर्त्तव्य के समान जान पड़ने लगे।

शताब्दियाँ की शताब्दियाँ आती जाती रहीं, परन्तु स्त्री की स्थिति की एकरसता में कोई परिवर्तन न हो सका। किसी भी स्मृतिकार ने उसके जीवन की विषमता पर ध्यान देने का अवकाश नहीं पाया; किसी भी शास्त्रकार ने पुरुष से भिन्न करके उसकी समस्या को नहीं देखा!

अर्थ सामाजिक प्राणी के जीवन में कितना महत्त्व रखता है, यह कहने की आवश्यकता नहीं। इसकी उच्छृंखल बहुलता में जितने दोष हैं वे अस्वीकार नहीं किये जा सकते, परन्तु इसके नितान्त अभाव में जो अभिशाप हैं, वे भी उपेक्षणीय नहीं। विवश आर्थिक पराधीनता अज्ञात रूप में व्यक्ति के मानसिक तथा अन्य विकास पर ऐसा प्रभाव डालती रहती है, जो सूक्ष्म होने पर भी व्यापक तथा परिणामतः आत्मविश्वास के लिए विष के समान है। दीर्घकाल का दासत्व जैसे जीवन की स्फूर्तिमती स्वच्छन्दता नष्ट करके उस बोझिल बना देता है, निरन्तर आर्थिक परवशता भी जीवन में उसी प्रकार प्रेरणा-शून्यता उत्पन्न कर देती है। किसी भी सामाजिक प्राणी के लिए ऐसी स्थिति अभिशाप है जिसमें वह स्वावलम्बन का भाव भूलने लगे, क्योंकि इसके अभाव में वह अपने सामाजिक व्यक्तित्व की रक्षा नहीं कर सकता।

समाज में पूर्ण स्वतंत्र तो कोई हो ही नहीं सकता; क्योंकि सापेक्षता ही सामाजिक सम्बन्ध का मूल है। प्रत्येक व्यक्ति उसी मात्रा में दूसरे पर निर्भर है, जिस मात्रा में दूसरा उसकी अपेक्षा रखता है। पुरुष-स्त्री भी इसी अर्थ में अपने विकास के लिए एक-दूसरे के सहयोग की अपेक्षा रखते हैं, इसमें संदेह नहीं। कठिनाई तब उत्पन्न होती है जब यह सापेक्ष भाव एक की ओर अधिक घट या बढ़ जाता है! स्त्री और पुरुष यदि अपने सुखों के लिए एक दूसरे पर समान रूप से निर्भर रहते तो उनके संबंध में विषमता आने की सम्भावना ही न रहती, परन्तु वास्तविकता यह है कि भारतीय स्त्री की सापेक्षता सीमातीत हो गई। पुरुष अपने व्यावहारिक जीवन के लिए स्त्री पर उतना निर्भर नहीं है जितना स्त्री को होना पड़ता है। स्त्री उसके सुखों के अनेक साधनों में एक ऐसा साधन है जिसके नष्ट हो जाने पर कोई हानि नहीं होती। एक प्रकार से पुरुष ने कभी उसके अभाव का अनुभव करना ही नहीं सीखा, इसी से उसे स्त्री के विषय में विचार करने की आवश्यकता भी कम पड़ी। स्त्री की स्थिति इससे विपरीत

है। उसे प्रत्येक पग पर, प्रत्येक साँस के साथ पुरुष से सहायता की भिक्षा माँगते हुए चलना पड़ता है।

जीवन के विकास के लिए दूसरों से सहायता लेना बुरा नहीं; परन्तु किसी को सहायता दे सकने की क्षमता न रखना अभिशाप है। सहयात्री वे कहे जाते हैं, जो साथ चलते हैं; कोई अपने बोझ को सहयात्री कह कर अपना उपहास नहीं करा सकता। भारतीय पुरुष ने स्त्री को या तो सुख के साधन के रूप में पाया या भार रूप में, फलतः वह उसे सहयोगी का आदर न दे सका। उन दोनों का आदान-प्रदान सामाजिक प्राणियों के स्वेच्छा से स्वीकृत सहयोग की गरिमा न पा सका, क्योंकि एक ओर नितान्त परवशता और दूसरी ओर स्वच्छन्द आत्मनिर्भरता थी। उनके कार्यक्षेत्र की भिन्नता तो आवश्यक ही नहीं, अनिवार्य है, परन्तु इससे उनकी सापेक्षता में विषमता आने की सम्भावना नहीं रहती! यह विषमता तो स्थिति-वैषम्य से ही जन्म और विकास पाती है।

□□

[2]

भारतीय समाज में जिस अनुपात से स्त्री जाग्रत हो सकी, उसी के अनुसार अपनी सनातन सामाजिक स्थिति के प्रति उसमें असन्तोष भी उत्पन्न होता जा रहा है। उस असन्तोष की मात्रा जानने के लिए हमारे पास अभी कोई मापदण्ड है ही नहीं, अतः यह कहना कठिन है कि उसकी जागृति ने उसकी चिर-अवनत दृष्टि को जिस क्षितिज की ओर फेर दिया है, वह उजले प्रभात का सन्देश दे रहा है या शक्ति संचित करती हुई आँधी का। ऐसे असन्तोष प्रायः बहुत कुछ मिटा-मिटा कर स्वयं बनते हैं और थोड़ा-सा बनाकर स्वयं ही मिट जाते हैं। भविष्य को उज्ज्वलतम रूप देने के लिए समाज को, कभी-कभी सहस्त्रों वर्षों की अवधि में धीरे-धीरे एक-एक रेखा अंकित कर बनाये हुए अतीत के चित्र पर काली तूली फेरना पड़ जाता है। कारण, प्रत्येक निर्माण विध्वंस के आधार पर स्थिर है और प्रत्येक नाश निर्माण के अंक में पलता है।

असंख्य युगों से असंख्य संस्कार और असंख्य भावनाओं ने भारतीय स्त्री की नारी-मूर्ति में जिस देवत्व की प्राण-प्रतिष्ठा की थी, उसका कोई अंश बिना खोये हुए वह इस यन्त्रयुग की मानवी बन सकेगी, ऐसी सम्भावना कम है। अवश्य ही हमारे समाज को, यह सोचना अच्छा नहीं लगता कि उसकी निर्विकार भाव से पूजा और उपेक्षा स्वीकार कर लेने वाली चिर मौन प्रतिमा के स्थान में ऐसी सजीव नारी-मूर्ति रख दी जावे, जो पल-पल में उसके मनोभावों के साथ रुष्ट और तुष्ट होती रहती हो। वास्तव में तो भारतीय स्त्री अब तक वरदान देनेवाली देवी रही है, फिर अचानक आज उसका कुछ माँग बैठना क्यों न हमें आश्चर्य में डाल दें! झाँझ और घड़ियाल के स्वरों में धूप-दीप के मध्य अपने पूजागृह में अन्ध बधिर के समान मौन बैठा हुआ देवता यदि एकाएक उठकर हमारी पूजा-स्तुति का निरादर कर हमारे सारे गृह पर अधिकार जमाने को प्रस्तुत हो जावे, तो हम वास्तव में संकट में पड़ सकते हैं। हमारी पूजा-अर्चना की सफलता के लिए यह परम आवश्यक है कि हमारा देवता हमारी वस्तुओं पर हमारा ही अधिकार रहने दे और केवल वही स्वीकार करे जो हम देना चाहते हैं। इसके विपरीत होने पर तो हमारी स्थिति भी विपरीत हो जायेगी। भारतीय स्त्री के सम्बन्ध में भी यही सत्य हो रहा है। उसको बहुत आदर-मान मिला, उसके बहुत गुणानुवाद गाये गये, उसकी ख्याति दूर-दूर देशों तक पहुँचाई गई, यह ठीक है, परन्तु मन्दिर के देवता के समान ही सब उसकी मौन जड़ता में ही अपना कल्याण

समझते रहे! उसके अत्यधिक श्रद्धालु पुजारी भी उसकी निर्जीवता को ही देवत्व का प्रधान अंश मानते रहे और आज भी मान रहे हैं।

इस युगान्तरदीर्घ जीवन-शून्य जीवन में स्त्री ने क्या पाया, यह कहना बहुत प्रिय न जान पड़ेगा, परन्तु इतना तो 'सत्यं ब्रूयात् प्रियं ब्रूयात्' के अनुसार भी कहा जा सकता है कि इस व्यवहार से उसके मन में जीवन को जानने की उत्सुकता जाग्रत हो गई। पिछले कुछ वर्षों में जीवन की परिस्थितियों में इतना अधिक परिवर्तन हो गया है कि उस कोलाहल में स्त्री को कुछ सजग होना ही पड़ा। इसमें सन्देह है कि इससे भिन्न स्थिति में वह उतनी शीघ्रता से सतर्क हो सकती या नहीं। इस वातावरण को बिना समझे हुए स्त्री की माँगों के सम्बन्ध में कोई धारणा बना लेना यदि अनुचित नहीं तो बहुत उचित भी नहीं कहा जा सकता।

वर्तमान युग में भी जिनकी परिस्थितियाँ श्वास लेने की स्वच्छन्दता तक नहीं देतीं और जिन्हें जड़ता के अभिशाप को ही वरदान समझना पड़ता है, उनके सुख-दुःख तो हृदय की सीमा से बाहर झाँक ही नहीं सकते, फिर उनके सुख-दुःखों का वास्तविक मूल्य आँक सकना हमारे लिए कैसे सम्भव हो सकता है! परन्तु जिन स्त्रियों के निराश असन्तोष में हमें अपने समाज का असहिष्णुता से भरा अन्याय प्रत्यक्ष हो जाता है उनके स्पष्ट भाव को समझने में भी हम भूल कर सकते हैं। ऐसी स्थिति में हमारी विश्वास योग्य धारणा भी इतनी विश्वास योग्य नहीं है कि हम उसे बिना तर्क की कसौटी पर कसे स्वीकार कर सकें।

हम प्रायः अपनी सनातन धारणा का जितना अधिक मूल्य समझते हैं उतना दूसरे व्यक्ति के अभाव और दुःख का नहीं। यही कारण है कि जब तक व्यक्तिगत असन्तोष सीमातीत होकर हमारे संस्कार-जनित विश्वासों को आमूल नष्ट नहीं कर देता तब तक हम उसके अस्तित्व की उपेक्षा ही करते रहते हैं। स्त्री की स्थिति भी युगों से ऐसी ही चली आ रही है। उसके चारों ओर संस्कारों का ऐसा क्रूर पहरा रहा है कि उसके अन्तरतम जीवन की भावनाओं का परिचय पाना ही कठिन हो जाता है। वह किस सीमा तक मानवी है और उस स्थिति में उसके क्या अधिकार रह सकते हैं, यह भी वह तब सोचती है जब उसका हृदय बहुत अधिक आहत हो चुकता है। फिर उसके व्यक्तिगत अधिकारों और उनकी रक्षा के साधनों के विषय में कुछ कहना तो व्यर्थ ही है। समाज ने उसकी निश्चेष्टता को भी उसके सहयोग और सन्तोष का सूचक माना और अपने पक्षपात और संकीर्णता को भी अपने विकास और उसके जीवन के लिए अनुकूल और श्रेयस्कर समझने की भूल की।

स्त्री के जीवन की अनेक विवशताओं में प्रधान और कदाचित् उसे सबसे अधिक जड़ बनाने वाली अर्थ से सम्बन्ध रखती है और रखती रहेगी, क्योंकि वह सामाजिक प्राणी की अनिवार्य आवश्यकता है। अर्थ का प्रश्न केवल उसी के जीवन से सम्बन्ध रखता है, यह धारणा भ्रान्ति मूलक है। जहाँ तक सामाजिक प्राणी का सम्बन्ध है स्त्री उतनी ही अधिक अधिकार-सम्पन्न है, जितना पुरुष; चाहे वह अपने अधिकारों का उपयोग करे या न करे। समाज न उनके उपयोग का मूल्य घटा सकता है और न बढ़ा सकता है; केवल वह बन्धनों से उसकी शक्ति और बुद्धि को बाँधकर उसे जड़ बना सकता है, परन्तु उन बन्धनों में कुछ ऐसे भी हो सकते हैं, जो केवल उसके लिए ही नहीं, वरन् सबके लिए घातक सिद्ध होंगे।

अर्थ का विषम विभाजन भी एक ऐसा ही बन्धन है, जो स्त्री पुरुषों दोनों को समान रूप से प्रभावित करता है। यह सत्य है कि यह प्रश्न आज का नहीं है वरन् हमारे समाज के समान ही पुराना हो चुका है, परन्तु यह न भूलना चाहिए कि आधुनिक युग की परिस्थितियाँ प्राचीन से अधिक कठिन हैं। जैसे-जैसे हम आगे बढ़ते जाते हैं, हमारा जीवन अधिक जटिल होता जाता है और हमें और अधिक उलझनभरी परिस्थितियों और समस्याओं का सामना करना पड़ता है, इसी से अतीत के साधन लेकर हम अपने गन्तव्य पथ पर बहुत आगे नहीं जा सकते। आदिम युग की नारी के लिए जो साधारण कष्ट की स्थिति होगी वह आधुनिक नारी का जीवन-यापन ही कठिन कर सकती है। वर्तमान युग में अन्य व्यक्तियों के सामने जो जीवन-निर्वाह की कठिनाइयाँ हैं, उनसे स्त्री भी स्वतंत्र नहीं, क्योंकि वह भी समाज का आवश्यक अंग है और उसके जीवन के विकास से ही समुचित सामाजिक विकास सम्भव हो सकता है।

सुदूर अतीत काल में विशेष परिस्थितियों से प्रभावित होकर निरन्तर संघर्ष के कारण समाज स्त्री को जो न दे सका उसी को आदर्श बनाकर उसके प्रत्येक अधिकार को तोलना न आधुनिक समाज के लिए कल्याणकर हो सका है, न हो सकने की सम्भावना है। उचित तो यही था कि नवीन परिस्थितियों में नवीन कठिनाइयों को दृष्टि में रखते हुए वह किया जाता जो पहले से अधिक उपयुक्त सिद्ध होता। प्राचीन हमारे भविष्य की त्रुटियों को दूर करने में समर्थ नहीं हो सकता, उसका कार्य तो उनकी ओर संकेत मात्र कर देना है। यदि हम उस संकेत को आदेश के रूप में ग्रहण करें और उसी से अपनी सब समस्याओं को सुलझाना चाहें तो यह इच्छा हमारे ही विकास की बाधक रहेगी।

कोई नियम, कोई आदर्श सब काल और सब परिस्थितियों के लिए नहीं बनाया

जाता; सबमें समय के अनुसार परिवर्तन सम्भव ही नहीं, अनिवार्य हो जाते हैं। प्राचीन आधारशिला को बिना हटाये हुए हम उस पर वर्तमान का निर्माण करके अपने जीवन के मार्ग को प्रशस्त करते रह सकते हैं, अन्यथा कोई प्रगति सम्भव ही नहीं रहती।

समाज ने स्त्री के सम्बन्ध में अर्थ का ऐसा विषम विभाजन किया है कि साधारण श्रमजीवी वर्ग से लेकर सम्पन्न वर्ग की स्त्रियों तक की स्थिति दयनीय ही कही जाने योग्य है। वह केवल उत्तराधिकार से ही वञ्चित नहीं है, वरन् अर्थ के सम्बन्ध में सभी क्षेत्रों में एक प्रकार की विवशता के बन्धन में बँधी हुई है। कहीं पुरुष ने न्याय का सहारा लेकर और कहीं अपने स्वामित्व की शक्ति से लाभ उठाकर उसे इतना अधिक परावलम्बी बना दिया है कि वह उसकी सहायता के बिना संसार-पथ पर एक पग भी आगे नहीं बढ़ सकती।

सम्पन्न और मध्यम वर्ग की स्त्रियों की विवशता, उनके पतिहीन जीवन की दुर्वहता समाज के निकट चिरपरिचित हो चुकी है। वे शून्य के समान पुरुष की इकाई के साथ सब कुछ हैं, परन्तु उससे रहित कुछ नहीं। उनके जीवन के कितने अभिशाप उसी बन्धन से उत्पन्न हुए हैं, इसे कौन नहीं जानता! परन्तु इस मूल त्रुटि को दूर करने के प्रयत्न इतने कम किये गये हैं कि उनका विचार कर आश्चर्य होता है।

जिन स्त्रियों की पाप-गाथाओं से समाज का जीवन काला है, जिनकी लज्जाहीनता से जीवन लज्जित है, उनमें भी अधिकांश की दुर्दशा का कारण अर्थ की विषमता ही मिलेगी। जीवन की आवश्यक सुविधाओं का अभाव मनुष्य को अधिक दिनों तक मनुष्य नहीं बना रहने देता, इसे प्रमाणित करने के लिए उदाहरणों की कमी नहीं। वह स्थिति कैसी होगी, जिसमें जीवन की स्थिति के लिए मनुष्य को जीवन की गरिमा खोनी पड़ती है, इसकी कल्पना करना भी कठिन है! स्त्री ने जब कभी इतना बलिदान किया है नितान्त परवश होकर ही और यह परवशता प्रायः अर्थ से सम्बन्ध रखती रही है। जब तक स्त्री के सामने ऐसी समस्या नहीं आती जिसमें उसे बिना कोई विशेष मार्ग स्वीकार किये जीवन असम्भव दिखाई देने लगता है तब तक वह अपनी मनुष्यता को जीवन की सबसे बहुमूल्य वस्तु के समान ही सुरक्षित रखती है। यही कारण है कि वह क्रूर से क्रूर, पतित से पतित पुरुष की मलिन छाया में भी अपने जीवन का गौरव पालती रहती है। चाहे जीर्ण-शीर्ण ठूँठ पर आश्रित लता होकर जीवित रहना उसे स्वीकृत हो, परन्तु पृथ्वी पर निराधार होकर बढ़ना उसके लिए सुखकर नहीं। समाज ने उसके जीवन की ऐसी व्यवस्था की है जिसके कारण पुरुष के अभाव में उसके जीवन की साधारण सुविधाएँ भी नष्ट हो जाती हैं। उस दशा में हताश होकर वह जो पथ स्वीकार कर लेती है वह प्रायः उसके लिए ही नहीं, समाज के लिए भी

घातक सिद्ध होता है।

आधुनिक परिस्थितियों में स्त्री की जीवनधारा ने जिस दिशा को अपना लक्ष्य बनाया है उनमें पूर्ण आर्थिक स्वतंत्रता ही सबसे अधिक गहरे रंगों में चित्रित है। स्त्री ने इतने युगों के अनुभव से जान लिया है कि उसे सामाजिक प्रामाणिक प्राणी बने रहने के लिए केवल दान की ही आवश्यकता नहीं है, आदान की भी है, जिसके बिना उसका जीवन जीवन नहीं कहा जा सकता। वह आत्म-निवेदित वीतराग तपस्विनी ही नहीं, अनुरागमयी पत्नी और त्यागमयी माता के रूप में मानवी भी है और रहेगी। ऐसी स्थिति में उसे वे सभी सुविधाएँ, वे सभी मधुरकटु भावनाएँ चाहिए जो जीवन को पूर्णता प्रदान कर सकती हैं।

पुरुष ने उसे गृह में प्रतिष्ठित कर वनवासिनी की जड़ता सिखाने का जो प्रयत्न किया है उसकी साधना के लिए वन ही उपयुक्त होगा।

आज की बदली हुई परिस्थितियों में स्त्री केवल उन्हीं आदर्शों से सन्तोष न कर लेगी जिनके सारे रंग उसके आँसुओं से धुल चुके हैं, जिनकी सारी शीतलता उसके सन्ताप से उष्ण हो चुकी है। समाज यदि स्वेच्छा से उसके अर्थसम्बन्धी वैषम्य की ओर ध्यान न दे, उसमें परिवर्तन या संशोधन को आवश्यक न समझे तो स्त्री का विद्रोह दिशाहीन आँधी-जैसा वेग पकड़ता जायेगा और तब एक निरन्तर ध्वंस के अतिरिक्त समाज उससे कुछ और न पा सकेगा। ऐसी स्थिति न स्त्री के लिए सुखकर है, न समाज के लिए सृजनात्मक।

□□□

1935

हमारी समस्याएँ

[1]

जिस प्रकार मिले रहने पर भी गंगा-यमुना के संगम का मटमैला तथा नीला जल मिलकर एक वर्ण नहीं हो पाता उसी प्रकार हमारे जन साधारण में शिक्षित तथा अशिक्षित वर्ग के बीच में एक ऐसी रेखा खिंच गई है जिसे मिटा सकना सहज नहीं। शिक्षा हमें एक दूसरे के निकट लाने वाला सेतु न बनकर विभाजित करने वाली खाई बन गई है, जिसे हमारी स्वार्थपरता प्रतिदिन विस्तृत से विस्तृततर करती जा रही है।

हम उसे पाकर केवल मनुष्य नहीं, किन्तु ऐसे विशिष्ट मनुष्य बनने का स्वप्न देखने लगते हैं जिनके निकट आने में साधारण मनुष्य भीत होने लगें। ऐसे भित्ति मानव-हृदय को संकीर्ण कर देने वाले स्वर्ण-द्वारा बने तो किसी प्रकार क्षम्य भी हो सकती है, परन्तु हृदय को प्रतिक्षण उदार और विस्तृत बनाने वाले ज्ञान के द्वारा जब यह निर्मित होती है तब इसे अक्षम्य और मनुष्य-समाज के दुर्भाग्य का सूचक समझना चाहिए। नदी के बहने के मार्ग को रुद्ध कर उसके प्रवाह को उद्‌गम की ओर ले जाने के प्रयास के समान ही हमारी यह मनुष्यता को संकीर्ण बनाने की चाह है।

सारा ज्ञान, सारी शिक्षा, अपने अविकृत तथा प्राकृतिक रूप में मानव को, जीवन की अनेकरूपता में ऐक्य ढूँढ़ लेने की क्षमता प्रदान करती है, दूसरों की दुर्बलता में उदार अपनी शक्ति में नम्र रहने का आदेश देती है तथा मनुष्य के व्यक्तित्व की संकीर्ण सीमा तोड़ उसे ऐसा सर्वमय बना देती है जिसमें उसकी बुद्धि, उसका चिन्तन, उसके कार्य उसके होते हुए भी सबके हो जाते हैं और उसके जीवन का स्वर दूसरों के जीवन-स्वरों से सामञ्जस्य स्थापित कर संगीत की सृष्टि करता है। इतने ऊँचे आदर्श तक न पहुँच सकने पर भी हम ज्ञान से पशु की स्वार्थपरता सीखने का विचार तो कल्पना में भी न ला सकेंगे चाहे कभी-कभी ऐसे व्यक्ति उत्पन्न हो जाते हों जिनमें सर्प के मुख में स्वातिजल के समान विद्या विष बन गई है। ऐसे अपवाद तो सर्वव्यापक हैं।

हमारी नैतिक, सामाजिक आदि व्यवस्थाओं से सम्बन्ध रखने वाली अनेक दुरवस्थाओं के मूल में शिक्षा का विकृत रूप भी है, यह कहना अतिशयोक्ति न होगी।

यह दुर्भाग्य का विषय कहा जाता है कि हमारे यहाँ शिक्षितों की संख्या न्यूनतम है, परन्तु यह उससे भी अधिक दुर्भाग्य की बात है कि इने-गिने शिक्षित व्यक्तियों के जिन कन्धों पर कर्त्तव्य का गुरुतम भार है वे दुर्बल और अशक्त हैं। जिन्हें अपनी, अपने समाज की, अपने देश की अनेकमुखी दुर्दशा का अध्ययन करना था, उसके कारणों की खोज करनी थी और उन कारणों को दूर करने में अपनी सारी शक्ति लगा देनी थी यदि वे ही इतने निस्तेज, उद्योग-शून्य, अकर्मण्य तथा निरीह हो गये तब और व्यक्तियों के विषय में क्या कहा जावे जो अँधेरे में पग-पग पर पथ-प्रदर्शक चाहते हैं।

शिक्षा-द्वारा प्राप्त अनेक अभिशापों में से एक, जीविका-सम्बन्धी बेकारी के समान ही, इनके मस्तिष्क की बेकारी भी चिन्तनीय है। सारी बुद्धि, सारी क्रियात्मक शक्ति मानो पुस्तकों को कण्ठस्थ करने और समय पर लिख देने में ही केन्द्रित हो गई है; इसके उपरान्त प्रायः उन्हें बुद्धि तथा शक्ति के प्रयोग के लिए क्षेत्र नहीं मिलता और यदि मिला भी तो इतना संकीर्ण कि उसमें दोनों ही पंगु बनकर रह पाती हैं।

ठण्डे जल के पात्र के पास रखा हुआ उष्ण जल का पात्र जैसे अनजानें में ही उसकी शीतलता ले लेता है उसी प्रकार चुपचाप शिक्षित महिला-समाज ने पुरुष-समाज की दुर्बलताएँ आत्मसात् कर ली हैं और अब वे उनकी दुरवस्था में ही चरम सफलता की प्रतिच्छाया देखने लगी हैं।

हमारे सारे दुर्गुण अपने बाल-रूप में बड़े प्रिय लगते हैं। छोटे से अबोध बालक के मुख से फीका झूठ भी मीठा लगता है; उसकी स्वार्थपरता देखकर हँसी आती है, परन्तु जब वही बालक सबोध होकर अपने झूठ और स्वार्थपरता को भी बड़ा कर लेता है तब हमें उन्हीं गुणों पर आँसू बहाने पड़ते हैं। दरिद्र माता जब अनेक परिश्रमों से उपार्जित धन का प्रचुर अंश व्यय कर अपनी विद्यार्थिनी बालिका को गृह के इतर कार्यों से घृणा तथा जिन्हें ऐसी सुविधा नहीं मिली है उनके प्रति उपेक्षा प्रकट करते देखती है तब उसे आत्मसन्तोष की प्रसन्नता हो सकती है, परन्तु जब वही बालिका बड़ी तथा शिक्षिता होकर अपनी माता तथा उसके समाज के प्रति अनादर दिखाने का स्वभाव बना लेती है तब सम्भव है उसे पहली-सी प्रसन्नता न होती हो।

आज हमारे हृदयों में शताब्दियों से सुप्त विद्रोह जाग उठा है। इस समय हमारा इष्ट स्वतंत्रता है जिसके द्वारा हम अपने जंग लगे हुए बन्धन को एक ही प्रयास में काट सकती हैं। इसके लिए शिक्षा चाहिए; उसे चाहे किसी भी मूल्य पर क्रय करना पड़े, परन्तु आज वह हमें महँगी न लगेगी, कारण वह हमारे शक्ति के, बल के कोष

की कुंजी है। वही उस व्यूह से निकलने का द्वार है जिसमें हमारे दुर्भाग्य ने हमें न जाने कब से घेर रखा है। घर जलते समय उसमें रहने वाले किसी भी मार्ग से चाहे वह अच्छा हो या बुरा बाहर निकल जाना चाहते हैं; उस समय उनका प्रवेश-द्वार से ही अग्नि के बाहर जाने का प्रण उपहासास्पद ही होगा। परन्तु निकलने के उपरान्त यदि वे मुड़कर भी न देखें, ज्वाला से घिरे हुए अन्य झुलसने वालों के आर्तनाद की ओर से कान बन्द कर लें, उन्हें किसी प्रकार भी सहायता न दें तो उनका स्वतंत्र, शीतल वायुमण्डल में श्वास लेना व्यर्थ होगा और उनके इस व्यवहार से मनुष्यता भी लजा जायेगी।

हमारे वर्तमान महिला-समाज की अवस्था भी कुछ-कुछ ऐसी ही है। जिन्हें बन्धनों से मुक्ति के साधन शिक्षा के रूप में मिल गये हैं उनके जीवन के उद्देश्य ऐसे निर्मित हो गए हैं जिनमें परार्थ का प्रवेश कठिनता से हो सकता है और सेवा की भावना के लिए तो स्थान ही मिलना सम्भव नहीं! जब इतनी शिक्षा के उपरान्त भी पुरुषों में शिक्षित व्यक्तियों की संख्या नगण्य है तब अविद्या के साम्राज्य की स्वामिनी स्त्रियों के विषय में कुछ कहना व्यर्थ है। यदि उनमें किसी प्रकार एक प्रतिशत साक्षर निकल आवें तो उस एक के मस्तक पर शेष निन्यानबे को मार्ग दिखाने का भार रहेगा, यह न भूलना चाहिए। जब एक कार्य करने वालों की संख्या अधिक होगी सब पर कार्यभार हल्का होगा, परन्तु इसकी विपरीत दशा में अल्प व्यक्तियों को अधिक गुरु कर्त्तव्य स्वीकार करना ही पड़ेगा।

हमारे यहाँ कुछ विद्यार्थिनियाँ प्राथमिक शिक्षा के उपरान्त ही अध्ययन का अन्त कर देती हैं, कुछ माध्यमिक के उपरान्त। इनमें से कुछ इनी-गिनी विद्यार्थिनियाँ उच्च शिक्षा के उस ध्येय तक पहुँच पाती हैं जहाँ पहुँचने के उपरान्त उनकी इच्छा और शक्ति दोनों ही उत्तर दे देती हैं। यदि निरीक्षक की दृष्टि से देखा जाय तो ये तीनों सोपान मनुष्य को विशेष उन्नत नहीं बना रहे हैं। जिन्हें प्राथमिक शिक्षा देने का हम गर्व करते हैं उन बालिकाओं को ऐसे वातावरण में जो उनके मानसिक विकास के लिए अनुपयुक्त है, ऐसे शिक्षकों-द्वारा शिक्षा मिलती है जो उन्हें जीवन के उपयोगी सिद्धान्तों से भी अनभिज्ञ रहने देते हैं। इस अभाव में मनुष्य के पारिवारिक तथा सामाजिक जीवन का पंगु हो जाना अवश्यम्भावी है। अशिक्षिताओं में मूर्खता के साथ सरलता, नम्रता आदि गुण तो मिल जाते हैं, परन्तु ऐसी साक्षर महिलाओं के हाथ, अपने सारे गुण देकर अक्षरज्ञान या दो-चार भले-बुरे उपन्यासों के पारायण की शक्ति के अतिरिक्त और कुछ नहीं आता। जिनकी केवल प्राथमिक शिक्षा सीमा है उनके लिए जब तक वातावरण उपयुक्त तथा शिक्षकवर्ग ऐसे न हों जो उनके संवेदनशील कोमल हृदय पर अच्छे

संस्कार डाल सकें, उनके सुखमय भविष्य के निर्माण के लिए सिद्धान्तों की सुदृढ़ नींव डाल सकें, और उन्हें मनुष्यता की पहली सीढ़ी तक पहुँचा सकें तब तक अक्षर ज्ञान केवल अक्षर ज्ञान रहेगा। जीने के लिए ही शिक्षा की आवश्यकता है, परन्तु जो व्यक्ति जीना ही नहीं जानता उससे न संसार को कुछ लाभ हो सकता है और न वह शिक्षा का कोई सदुपयोग ही कर पाता है।

हमारे बाल्यकाल के संस्कार ही जीवन का ध्येय निर्धारित करते हैं, अतः यदि शैशव में हमारी सन्तान ऐसे व्यक्तियों की छाया में ज्ञान प्राप्त करेगी जिनमें चरित्र तथा सिद्धान्त की विशेषता नहीं है जिनमें संस्कारजनित अनेक दोष हैं तो फिर विद्यार्थियों के चरित्र पर भी उसी की छाप पड़ेगी और भविष्य में उनके ध्येय भी उसी के अनुसार स्वार्थमय तथा अस्थिर होंगे। शिक्षा एक ऐसा कर्त्तव्य नहीं है जो किसी पुस्तक को प्रथम पृष्ठ से अन्तिम पृष्ठ तक पढ़ा देने से ही पूर्ण हो जाता हो, वरन् वह ऐसा कर्त्तव्य है जिसकी परिधि सारे जीवन को घेरे हुए है और पुस्तकें ऐसे साँचे हैं जिनमें ढालकर उसे सुडौल बनाया जा सकता है।

यह वास्तव में आश्चर्य का विषय है कि हम अपने साधारण कार्यों के लिए करने वालों में जो योग्यता देखते हैं वैसी योग्यता भी शिक्षकों में नहीं ढूँढ़ते। जो हमारी बालिकाओं, भविष्य की माताओं का निर्माण करेंगे उनके प्रति हमारी उदासीनता को अक्षम्य ही कहना चाहिए। देश विशेष, समाज विशेष तथा संस्कृति विशेष के अनुसार किसी के मानसिक विकास के साधन और सुविधाएँ उपस्थित करते हुए उसे विस्तृत संसार का ऐसा ज्ञान करा देना ही शिक्षा है जिससे वह अपने जीवन में सामञ्जस्य का अनुभव कर सके और उसे अपने क्षेत्र विशेष के साथ ही बाहर भी उपयोगी बना सके। यह महत्त्वपूर्ण कार्य ऐसा नहीं है जिसे किसी विशिष्ट संस्कृति से अनभिज्ञ चञ्चलचित्त और शिथिल चरित्र वाले व्यक्ति सुचारु रूप से सम्पादित कर सकें।

परन्तु प्रश्न यह है कि इस महान् उत्तरदायित्व के योग्य व्यक्ति कहाँ से लाये जावें। पढ़ी-लिखी महिलाओं की संख्या उँगलियों पर गिनने योग्य है और उनमें भी भारतीय संस्कृति के अनुसार शिक्षिताएँ बहुत कम हैं। जो हैं भी उनके जीवन के ध्येयों में इस कर्त्तव्य की छाया का प्रवेश भी निषिद्ध समझा जाता है। कुछ शिक्षिकावर्ग की उच्छृंखलता समझी जाने वाली स्वतन्त्रता के कारण और कुछ अपने संकीर्ण दृष्टिकोण के कारण अन्य महिलाएँ अध्यापन-कार्य तथा उसे जीवन का लक्ष्य बनाने वालियों को अवज्ञा और अनादर की दृष्टि से देखने लगी है, अतः जीवन के आदि से अन्त तक कभी किसी अवकाश के क्षण में उनका ध्यान इस आवश्यकता की ओर नहीं जाता जिसकी पूर्ति पर उनकी सन्तान का भविष्य निर्भर है।

प्राथमिक शिक्षा की शिथिल, अस्थिर नींव पर जब माध्यमिक शिक्षा का भवन निर्मित होता है तब उसकी भव्यता भी स्थायित्व से शून्य और उपयोगरहित रहती है। जिन गुणों को लेकर भारतीय स्त्री भारतीय रह सकती है वे तब तक प्रातःकालीन नक्षत्रों की तरह झड़ चुके होते हैं या विरल रह जाते हैं। जिसे उच्च शिक्षा कहते हैं वह जीवन के प्रति कहीं चरम असन्तोष मात्र बन जाती है और कहीं कुछ आवश्यक सुविधाओं की प्राप्ति का साधन। यदि कटु सत्य कहा जाय तो केवल दो ही प्रकार की महिलाएँ उच्च शिक्षा की ओर अग्रसर होती हैं; एक वे जिन्हें पुरुषों के समान स्वतन्त्र जीवन-निर्वाह के लिए उपाधि चाहिए और दूसरी वे जिनका ध्येय इसके द्वारा विवाह की तुला पर अपने आपको गुरु बना लेना है। इसके द्वारा वे सुगमता से ऐसा पति पा सकती हैं जो धन तथा विद्या के कारण उन्हें सब प्रकार की सामाजिक सुविधाएँ बिना प्रतिदान की इच्छा के दे सकता है और वे आडम्बरपूर्ण सुख का ऐसा जीवन व्यतीत करने को स्वतन्त्र हो जाती हैं जिस पर कर्त्तव्य की धूमिल छाया और त्याग का भार नहीं पड़ता।

जो केवल जीविका के लिए, स्वावलम्बन के लिए, ऐसी शिक्षा चाहती हैं वे भी इन्हीं के समान अपनी विद्या-बुद्धि को धन के साथ एक ही तुला पर तोलने में उसकी चरम सफलता समझ लेती हैं, जो उनके कर्त्तव्य को भी कहीं-कहीं अकर्त्तव्य का रूप दे देता है। केवल मनुष्य बनने के लिए, जीवन का अर्थ और उपयोग समझने के लिए कौन विद्या चाहता है, यह कहना कठिन है। हम केवल कार्य से कारण की गुरुता या लघुता जान सकते हैं। यदि वास्तव में इन सब की शक्तियों का सर्वतोन्मुखी विकास होता, यदि ये हमारी संस्कृति की रक्षक तथा भविष्य की निर्माता होतीं तो क्या इन्हें खिलौनों का-सा सारशून्य आडम्बर शोभा देता? जब इनके द्वार पर भविष्य की विधाता सन्तान प्रतीक्षा कर रही है, मानवता रो रही है, दैव गर्ज रहा है, पीड़ितों का हाहाकार गूँज रहा है, जीवन का अभिशाप बरस रहा है, तब क्या भारत की नारी दर्पण के सम्मुख पाउडर और क्रीम से खेलती होती? इस भूखे देश की मातृशक्ति को शृंगार का अवकाश ही कहाँ है? हमारे यहाँ सन्तान का अभाव नहीं है, अभाव है माताओं का! अनाथालय भरे हैं, पाठशालाएँ पूर्ण हैं और फिर भी एक बहुत बड़ी संख्या में बालक-बालिकाएँ अनाथ की तरह मारे-मारे फिर रहे हैं। यदि हममें में कुछ स्वयं माता बनने का स्वप्न देखना छोड़कर इन्हीं की माता बनने का, इन्हें योग्य बनाने का व्रत ग्रहण कर लें, इन्हें मनुष्य बना देने में ही अपनी मनुष्यता को सार्थक समझ लें तो भविष्य में किसी दिन इनके द्वारा नवीन रूपरेखा पाकर देश, समाज, सब आज की नारी-शक्ति पर श्रद्धाञ्जलि चढ़ाने में अपना गौरव समझेंगे, इनके त्याग के इतिहास, इतिहास को अमरता देंगे।

कार्य का विस्तृत क्षेत्र तथा इनकी संख्या देखते हुए हममें से प्रत्येक को, जिसे कुछ भी व्यावहारिक ज्ञान प्राप्त करने का सुअवसर मिल सका है, अनेक मूक पशु के समान अपनी आवश्यकताओं को स्वयं न बता सकने वाली गृहों में बन्द कुलीनाओं, दिन भर कठिन परिश्रम करने के उपरान्त भी अपनी तथा अपनी सन्तान की क्षुधानिवारण के हेतु अन्न न पानेवाली श्रमजीविनियों तथा समाज के अभिशापों के भार से दबी हुई आहत निर्दोष युवतियों का प्रतिनिधि भी बनना होगा और उनकी सन्तान के लिए दूसरी माता भी।

प्रश्न हो सकता है कि क्या हमारे शिक्षित भाई भी ऐसा कर रहे हैं? यदि नहीं तो केवल शिक्षित महिलाओं से, जो उनकी संख्या के सम्मुख नगण्य कही जा सकती हैं, क्यों ऐसी ऊँची आशाएँ की जाती हैं?

इसमें अतिशयोक्ति नहीं कि हम जिस मार्ग पर अग्रसर हो रही हैं, शिक्षित पुरुष-समाज की एक बहुत बड़ी संख्या उसके दूसरे छोर तक पहुँच चुकी है, परन्तु यह आवश्यक नहीं कि गिरने वाले की संख्या अधिक होने पर सब उन्हीं का अनुकरण करें और जो खड़ा रहना चाहे वह मन्दबुद्धि समझा जावे? प्रचुर धन व्यय करके जो दुर्बल, अशक्त, उपाधिधारी बेकार घूम रहे हैं क्या केवल वे ही शिक्षित महिलाओं के आदर्श बने रहने के अधिकारी हैं, अन्य नहीं? यदि उन्हीं के चरण-चिह्नों का अनुकरण करते-करते कालान्तर में हमारी भी वही दशा हो जावे तो क्या वह किसी के लिए गौरव का कारण बन सकेगी? निश्चय ही नहीं। इसके अतिरिक्त उनका इस परिस्थिति की बन्दिनी बन जाना समाज के लिए और भी बड़ा दुर्भाग्य सिद्ध होगा। जाति अनेक आपत्तियों को सहकर जीवित रह सकती है, परन्तु मातृत्व का अभिशाप सहकर जीना उसके लिए सम्भव नहीं। व्यक्ति जिस गोद में जीवित रहने की शक्ति पाता है, अनेक तूफानों को झेलने की सहिष्णुता और दृढ़ता का पाठ पढ़ता है उसका अभाव उन शक्तियों का, गुणों का अभाव है जिनकी से प्रति पग पर आवश्यकता पड़ेगी।

अतः आज जो परिस्थिति दूर होने के कारण उपेक्षणीय लगती है वह किसी दिन अपनी निकटता के कारण असह्य तथा सबके लिए दुर्वह हो उठे तो कोई विशेष आश्चर्य की बात न होगी। प्रत्येक वस्तु, प्रत्येक गुण के साथ सीमा है, जिसका अतिक्रमण उस वस्तु के उस गुण के उपयोग को न्यून या विकृत कर देता है। प्रत्येक व्यक्ति को स्वतन्त्रता और बन्धन दोनों चाहिए; स्वार्थ तथा परार्थ दोनों की आवश्यकता है, अन्यथा वह जीवन्मुक्त होकर भी किसी को कुछ नहीं दे पाता।

अवश्य ही हममें से जो योग्य हैं उनका प्रत्येक क्षेत्र में जाना उपयोगी ही सिद्ध होगा, यदि वे अपने उत्तरदायित्व को समझती हुई तथा उस क्षेत्र में कार्य करने वाले पुरुषों की दुर्बलताओं से शिक्षा लेकर उन न्यूनताओं को पूर्ण करती हुई कार्य कर सकें। इससे उनकी जीवन का अनुभव सर्वांगीण तथा विस्तृत होगा और उस वातावरण में अधिक सहानुभूति और त्याग की भावना पनप सकेगी, परन्तु जहाँ ये अपनी विशेषताओं को, सहज प्राकृतिक गुणों को विदा देकर केवल पुरुषों का असफल अनुकरण करने का ध्येय लेकर पहुँचती है वहाँ स्वार्थ और परार्थ का ऐसा विद्रोह आरम्भ हो उठता है जिसे शान्त करना उनकी शक्ति के बाहर की बात है।

उदाहरण के लिए शिक्षा के क्षेत्र में एक पुरुष अपनी स्वभाव-सुलभ कठोरता से असफल रह सकता है, परन्तु माता के सहज स्नेह से पूर्ण हृदय लेकर जब एक स्त्री उसी उग्रता का अनुकरण करके अपने उत्तरदायित्व को भूल जाती है तब उसकी स्थिति दयनीय के अतिरिक्त और कुछ नहीं रहती। जिस स्वभाव से वह पथ-प्रदर्शक बन सकती थी उसी को जब वह दूसरों की दुर्बलता के बदले में दे डालती है तभी मानो उसके विकास और उपयोग का द्वार रुद्ध हो जाता है।

हमारी अनेक जाग्रत बहिनें चिकित्सा के क्षेत्र में कार्य कर रही हैं, परन्तु उनमें से प्रायः अधिकांश पुरुष चिकित्सकों की हृदयहीनता सीख-सीख कर उसमें इतनी निपुण हो गई हैं कि अब उनके लिए जीवन का कोई मूल्य आँक लेना कठिन ही नहीं, असम्भव-सा है। एक डाक्टर महिला ने तो किसी दरिद्र वृद्धा स्त्री को पुत्री को देखने जाना तब तक अस्वीकार किया जब तक उससे पहले उनकी फीस का प्रबन्ध करके उसे उनके पास जमा न कर दिया, परन्तु इस प्रबन्ध में इतना समय लग गया कि जब वे पहुँचीं तब उस वृद्धा की असमय में माता बनी हुई पुत्री अपने नवजात शिशु के साथ दूसरे लोक के लिए प्रस्थान कर चुकी थी। ऐसी कौन स्त्री होगी जिसका रोम-रोम इस सत्य का अनुभव कर काँप न उठेगा कि हमारे हृदय का एक-एक कोना धीरे-धीरे पाषाण हुआ जा रहा है। हमारे स्वतन्त्र होने की, शिक्षित होने की, समस्या तो है ही, उसके साथ-साथ यह नई समस्या उत्पन्न हो गई है कि कहीं हमारा शिक्षित तथा स्वतंत्र जीवन पक्षाघात से पीड़ित न हो जावे। स्वच्छन्द, जीवन-विषयक उपयोगी ज्ञान से युक्त व्यक्ति का उत्तरदायित्व गुरुतर और कार्यक्षेत्र विस्तृततर है, इसे हमें न भूल जाना चाहिए। अपने व्यक्तित्व की संकीर्ण सीमा तो सभी को घेरे है और स्वार्थ तक तो सभी की दृष्टि परिमित है।

ज्ञान के वास्तविक अर्थ में ज्ञानी, शिक्षा के सत्य अर्थ में शिक्षित वही व्यक्ति कहा जायेगा जिसने अपनी संकीर्ण सीमा को विस्तृत अपने संकीर्ण दृष्टिकोण को

व्यापक बना लिया हो। एक शिक्षित व्यक्ति से अनेक अपनी समस्याओं का समाधान चाहते हैं, गन्तव्य मार्ग की ओर संकेत और उसकी कठिनाइयों को सहने का साहस चाहते हैं, उसकी शक्ति ही नहीं, दुर्बलता का भी अनुकरण करने में अपनी सफलता समझते हैं और उसके दुर्गुणों को आत्मसात् कर गर्व का अनुभव करते हैं।

□□

[2]

शताब्दियों से हमारी सामाजिक व्यवस्था इस प्रकार एकरूपिणी चली आ रही है कि अब हम उसका अस्तित्व भी भूल चले हैं, उसके बन्धनों की त्रुटियों और उनके परिहार की ओर ध्यान जाना तो दूर की बात है। कदाचित् परिहार की आवश्यकता भी नहीं थी, कारण नवीन परिस्थितियों में ही प्राचीन की अपूर्णता का अनुभव और उसे नवीन साधनों द्वारा अधिक सामञ्जस्यपूर्ण बनाने की इच्छा का जन्म हो सकता है। युगों से जब हमारे सामाजिक-वातावरण पर परिवर्तन की छाया ही नहीं पड़ी, उसमें नव जीवन का स्पन्दन होना ही रुक गया, तब सुविधा-असुविधा, पूर्णता-अपूर्णता भी अर्थहीन हो गई। जीवित तथा चलते हुए व्यक्ति को मार्ग भी चाहिए, बैठने की छाँह भी चाहिए और लेटने, विश्राम करने के लिए स्थान की भी आवश्यकता होती है, परन्तु जो शव है उसे जिस अवस्था में जीवनी शक्ति छोड़ जाती है उसी में नष्ट होने तक या पुनर्जीवन पाने तक निश्चेष्ट पड़ा रहना पड़ता है; उसे जीवित व्यक्ति के लिये आवश्यक सुविधाओं का करना ही क्या है!

अब कुछ दिनों से पुनर्जीवन के जो चिह्न व्यक्तियों और उनके द्वारा समाज में दिखाई पड़ने लगे, उन्हीं के कारण हमें पहले-पहले युगों के उपरान्त, अपनी सामाजिक सुविधाओं का भान हुआ।

सारी सामाजिक व्यवस्थाओं का प्राण, उसकी रूपरेखा का आधार, समाज के प्रधान अंग स्त्री तथा पुरुष का सामञ्जस्यपूर्ण सम्बन्ध ही है, जिसके बिना किसी भी समाज का ढाँचा बालू की भित्ति के समान ढह जाता है। वे दोनों यदि एक-दूसरे को ठीक-ठीक समझ लें, अपनी-अपनी त्रुटियों और विशेषताओं को हृदयंगम कर लें तो समाज का स्वरूप सुन्दर हो जाता है, अन्यथा उसे कोई, दूसरे उपाय से भव्य तथा उपयोगी नहीं बना पाता। उस युग-विशेष को छोड़कर, जब स्त्रियाँ विद्वत्-सभाओं में बैठने तथा शास्त्रार्थ करने योग्य भी थीं, अब तक सम्भवतः स्त्री तथा पुरुष यदि कभी तनिक भी निकट आ सके तो केवल पति-पत्नी के रूप में और उस सम्बन्ध में भी एक ने दूसरे को अधिकार द्वारा समझने का प्रयत्न किया। अन्य सम्बन्धों में या तो अत्यधिक श्रद्धा और संकोच का भाव रहा या उपेक्षा और अनादर का, जिसने स्त्री के स्वभाव को समझने ही नहीं दिया।

वास्तव में स्त्री केवल पत्नी के रूप में समाज का अंग नहीं है, अतः उसे उसके

भिन्न-भिन्न रूपों में व्यापक तथा सामान्य गुणों द्वारा ही समझना समाज के लिए आवश्यक तथा उचित है।

आज की हमारी सामाजिक परिस्थिति कुछ और ही है। स्त्री न घर का अलंकार मात्र बनकर जीवित रहना चाहती है, न देवता की मूर्ति बन कर प्राण-प्रतिष्ठा चाहती है। कारण वह जान गई है कि एक का अर्थ अन्य की शोभा बढ़ाना तथा उपयोग न रहने पर फेंक दिया जाना है तथा दूसरे का अभिप्राय दूर से उस पुजापे को देखते रहना है जिसे उसे न देकर उसी के नाम पर लोग बाँट लेंगे। आज उसने जीवन के प्रत्येक क्षेत्र में पुरुष को चुनौती देकर अपनी शक्ति की परीक्षा देने का प्रण किया है और उसी में उत्तीर्ण होने को जीवन की चरम सफलता समझती है।

परन्तु क्या ऐसे जागृति के युग में भी समाज के उन आवश्यक अंगों में, जिन्हें शिक्षा के सुचारु साँचे में ढाला गया है, सामञ्जस्य उत्पन्न हो सका है? कदाचित् नहीं! प्रतिदिन हम जो सुनते तथा देखते रहते हैं उसे सुनते और देखते हुए कौन मान लेगा कि हमारे समाज का वातावरण अधिक शांति और सामञ्जस्यमय हो सका है। स्त्री के लिए एक दुर्वह बन्धन घर में है और उससे असह्य दूसरा बाहर, यह न मानना असत्य ही नहीं, अपने प्रति तथा समाज के प्रति अन्याय भी होगा। यह अस्वाभाविक स्थिति हमें तथा आगामी पीढ़ियों को कहाँ से कहाँ पहुँचा देगी, यह प्रश्न प्रायः मन में उठकर फिर उसी में विलीन हो जाता है, क्योंकि हम अपनी त्रुटियों को सम्मुख रखकर देखने का साहस ही अपने भीतर संचित नहीं कर पाते। यदि कर पाते तो इनका दूर हो जाना भी अवश्यम्भावी था। स्त्रियों की अनेक समस्याओं का सुलझ पाना तो दूर की बात है, साधारण जीवन में उनके साथ कैसा शिष्टाचार उचित होगा, इसका निर्णय भी अब तक न हो सका। यदि रूढ़ियों का अवलम्बन लेनेवाली बहिनें गृहों में अनेक यन्त्रणाएँ रो-रोकर सह रही हैं तो बन्धनों को तोड़ फेंकने वाली विदुषियाँ बाहर असंख्य अपमानों का अविचल लक्ष्य बनकर उससे भी कठिन अग्निपरीक्षा में उत्तीर्ण होने की आशा में मिथ्या हँसी हँस रही हैं। इस विषय पर बहुत चर्चा हो चुकी है, आवश्यक-अनावश्यक दोनों, परन्तु इससे समस्या के समाधान विषयक व्यावहारिक उपाय मिल सकना उतना सहज नहीं है जितना प्रायः समझ लिया जाता है। इस समय का वातावरण इतना कुहराच्छन्न जान पड़ता है जिसमें गंतव्य मार्ग ढूँढ़ लेने में समय तथा सावधानी दोनों की आवश्यकता है। इतने दीर्घकाल के उपरान्त अचानक ही युवक-युवतियों में, एकत्र होने का, एक दूसरे के सम्पर्क में आने का सुयोग पाकर ऐसी किंकर्त्तव्य-विमूढ़ता जाग उठी है जो उन्हें कोई मार्ग, शिष्टाचार की कोई रूपरेखा, निश्चित नहीं करने देती। इसके समाधान के लिए, इस सम्बन्ध में अधिक

सामञ्जस्य लाने के लिए न तो बल प्रदर्शन वाला उपाय सहायक होगा, न स्त्री-पुरुष का भावना-हीन, अपने स्त्री या पुरुष होने की चेतना से (Sex Consciousness) रहित होकर अपने आपको समाज का अंगमात्र समझ लेना ही। एक मनुष्य से नीचे का उपाय है, दूसरा उससे बहुत ऊपर का।

स्त्री की स्त्रीत्व की भावना तथा पुरुष की पुरुषत्व की भावना इस उच्छृंखल व्यवहार के लिए उत्तरदायिनी नहीं ठहराई जा सकती और उस चेतना को दूर कर सकना उसी प्रकार असम्भव है जिस प्रकार किसी वस्तु को उसके रंग-रूप तथा अन्य इन्द्रियग्राह्य गुणों से रहित कर उसे उसके सारत्व में देखना। यह भी दार्शनिक का कार्य है और वह भी। सर्वसाधारण से यह आशा दुराशा ही सिद्ध होगी। इसके अतिरिक्त यह भी न भूलना उचित होगा कि जिस प्रकार इस भावना ने कभी-कभी पशुत्व को जागृत किया है उसी प्रकार कभी-कभी इसने मनुष्य को महान से महान त्याग की अन्तिम सीढ़ी तक भी पहुँचाया है। नारी नारीत्व की सजग चेतना से समाज के वातावरण में अधिक से अधिक स्निग्धता ला सकती है और पुरुष इसी से अधिक से अधिक शक्ति। उसमें सामञ्जस्य लाने के लिए उन्हें गाड़ी के निर्जीव पहियों या चारपाई के पायों के समान अपने आपको को समाज के अंग मात्र समझने की आवश्यकता नहीं है और न यह ज्ञान, ऐसी वीतराग जागृति, सामूहिक रूप में सम्भव ही है। स्त्री या पुरुष की इस चेतना से हानि तब तक नहीं हो सकती जब तक उनमें सहयोगी के स्थान में भक्षक-भक्ष्य, भोगी-भोग्य का विकृत भाव नहीं आ जाता। इस भाव ने सदा से हमारा अपकार किया है, करता जा रहा है और करेगा, यदि इसका विषय हमारी नसों में बचपन से ही प्रविष्ट कर दिया जायेगा। हमें ऐसे स्वस्थ युवक चाहिए जिनमें ज्वराक्रान्त की न बुझनेवाली, जल के स्वाद को विकृत कर देने वाली प्यास न हो, जो रोग का चिह्न मात्र है, वरन् स्वास्थ्य की आवश्यकता, साधन तथा स्थान का ज्ञान हो, जो विकास का कारण है।

हम अपने समाज में कुछ बुरे, आचरण-भ्रष्ट व्यक्तियों पर दमन नीति का प्रयोग कर सकते हैं, अपनी बहिनों को उनके सम्पर्क से दूर रख सकते हैं, परन्तु यही उपाय हमारे शिक्षित, भविष्य के विधाता, युवकों की अशिष्टता समझी जाने वाली शिष्टता का प्रतिकार न कर सकेगा।

इस अप्रिय वातावरण में दूसरे को दोष दे देना बहुत सहज है और एक प्रकार से स्वाभाविक भी, क्योंकि स्वभाव से मनुष्य अपनी त्रुटियों का उत्तरदायित्व अपने ऊपर लेने का इच्छुक नहीं होता।

वास्तव में यदि निरपेक्ष दृष्टि से तटस्थ की भाँति देखा जावे तो इस परिस्थिति

के, युगों से संगृहीत होते रहने वाले अनेक प्रकट अप्रकट कारण जान पड़ेंगे, जिनकी सामूहिक शक्ति का परिणाम हमारे समाज में अनेकरूपिणी विकृति उत्पन्न करता जा रहा है।

हमारी संस्कृति ने ह्रास के क्षणों में पुरुष को स्त्री से कितनी दूर रहने का आदेश दिया था यह इसी से प्रकट हो जाता है कि ब्रह्मचारी का चित्र में स्त्री दर्शन भी वर्ज्य तथा एकान्त में माता की सन्निकटता भी अनुचित मानी गई। भारत वैराग्यमय संयम-प्रधान देश है, अतः दुर्बल पुरुष को इस आदर्श तक पहुँचने के लिए उसके और प्रमुख प्रलोभन स्त्री तथा स्वर्ण के बीच में जितनी ऊँची प्राचीर बना सकना सम्भव था, बना दी गई।

सम्भव है इन सबके पीछे एक मनोवैज्ञानिक दृष्टि रही हो, एक सिद्धान्त रहा है, परन्तु जब कालान्तर में हम उसे भूल गये तब जैसा कि प्रायः होता है, अर्थहीन प्रयोग की रक्षा अनुपयुक्त वातावरण में भी दृढ़ता से करते रहे। बदली हुई परिस्थितियों में इस सिद्धान्त ने स्त्री-पुरुष के बीच ऐसी अग्निमय रेखा खींच दी जिसके उस पार झाँकना कठिन तथा दुस्साहसपूर्ण कार्य हो गया। ऐसे अस्वाभाविक वातावरण में प्रत्येक बालक-बालिका को पल कर बड़ा होना पड़ता है और उनके अबोध मन में एक दूसरे को जानने के कुतूहल के साथ-साथ जानने का अनौचित्य भी समाया रहता है। गृह और समाज दोनों उन्हें इतनी दूर रखना चाहते हैं जितनी दूर रह कर वे एक दूसरे को विचित्र स्वप्नलोक की वस्तु समझने लगें। एक संकीर्ण सीमा में निकट रहते हुए भी पिता-पुत्री, भाई-बहिन अपने चारों ओर मिथ्या संकोच की ऐसी दृढ़ भित्ति खड़ी कर लेते हैं जिसे पार कर दूसरे के निकट पहुँच पाना, उनकी विभिन्नतामयी प्रकृति को समझ लेना असम्भव हो जाता है; यही नहीं, समझने का प्रयास अनुचित और उस दूरी को और अधिक बढ़ाने की इच्छा स्तुत्य मानी जाने लगी है।

हमारे यहाँ सुशीला कन्या वही कही जायेगी जो अपने भाई या पिता के सम्मुख मस्तक तक ऊँचा नहीं करती और सुशील पुत्र वही जो विवाह कर बहिन तथा अन्य सम्बन्धियों से बहुत दूर रहना जानता है। इसकी प्रतिक्रिया, लज्जा तथा क्षोभ से रुला देने वाली प्रतिक्रिया, हम बाहर के उन्मुक्त वातावरण में सम्पर्क में आने वाले युवक-युवतियों के व्यवहार में देखते हैं। गृह के वातावरण से निकल कर जब वे एक दूसरे को कुछ निकट से देखने का अवकाश तथा सुविधा पा लेते हैं तब उसके दो ही परिणाम सम्भव हैं—या तो वे एक दूसरे को स्वर्गीय वस्तु समझ कर निकट आ सकें या जानने के कौतूहल में उस निर्धारित रेखा का उल्लंघन कर जावें। प्रायः होता दूसरा ही परिणाम है, परन्तु उसके लिए किसी को दोष देना व्यर्थ होगा। प्रायः युवकों के

संस्कार उन्हें ऐसी समीपता का अनौचित्य बताते रहते हैं तथा जानने की इच्छा आगे बढ़ाना नहीं रोकती, फलतः वे इस प्रकार अनदेखा कर देखना चाहते हैं जिसे हम अशिष्टता कहेंगे और जिसे देखने में अन्य पश्चिमीय देशों का युवक अपना अपमान समझेगा। युवतियाँ अल्प संख्या में ही स्वच्छन्दता से बाहर आती जाती हैं, यह उन्हें और भी धृष्टता सिखाता है। अस्वाभाविक वातावरण के अतिरिक्त नैतिकता का अभाव भी इस दुरवस्था का कारण कहा जा सकता है। आदि से अन्त तक प्रायः बालकों को न नैतिकता की शिक्षा ही मिलती है न उनके चरित्र के निर्माण की ओर ही ध्यान दिया जाता है, अतः हमें ऐसे युवक अल्प संख्या में मिलेंगे जिनके जीवन में अविचल सिद्धान्त, अटूट साहस, अदम्य वीरता तथा स्त्रियों के प्रति सम्मान एवं श्रद्धा का भाव हो। और यह सत्य है कि जिस प्रकार वीरता मृत्यु को भी वरदान बना देने का सामर्थ्य रखती है उसी प्रकार कायरता जीवन को भी अभिशाप का रूप देने में समर्थ है। आपदग्रस्ता नारी के सम्मान की रक्षा में मिट जाने वालों की संख्या नगण्य ही है, परन्तु अपनी कुचेष्टाओं से उसका अनादर करने वाले पग-पग पर मिलेंगे।

आधुनिक साहित्यिक वातावरण में भी विकृत प्रेम का विष इस प्रकार घुल गया है कि बेचारे विद्यार्थी को जीवन की शिक्षा की प्रत्येक घूँट के साथ उसे अपने रक्त में मिलाना ही पड़ता है। कहानियों का आधार, कविता का अवलम्ब, उपन्यासों का आश्रय, सब कुछ विकृत पार्थिव प्रेम ही है; जीवन-पुस्तक के और सारे अध्याय मानो नष्ट हो गये हैं, केवल यही परिच्छेद बाल्यावस्था से वृद्धावस्था तक पढ़ा जाने वाला है।

पत्र-पत्रिकाएँ भी स्त्रीमय होकर ही सफल होने का स्वप्न देखती हैं और चित्रपट, वाक्पट आदि के विषय में कुछ कहना व्यर्थ ही है। अतः बालक-बालिका ज्यों-ज्यों बढ़ते जाते हैं उनका उन्माद, किसी उपन्यास के नायक या नायिका का स्थान ग्रहण करने की इच्छा, वास्तविकता को अनदेखा कर देने की प्रवृत्ति भी उग्रतर होती जाती है। प्रायः युवकों की अस्वस्थ मनोवृत्ति के पीछे एक विस्तृत इतिहास छिपा रहता है जिसे बिना समझे हम इस मनोवृत्ति में कोई परिवर्तन नहीं कर सकते।

अवश्य ही हमारी विवाहादि से सम्बन्ध रखने वाली अपूर्ण सामाजिक व्यवस्था भी इसके लिए उत्तरदायिनी ठहराई जा सकती है, परन्तु केवल उसी में सुधार होने से इन भावनाओं में सुधार न होगा। उसके लिए तो हमें एक नवीन वातावरण उत्पन्न करने की आवश्यकता होगी जिसमें हमारे बालक-बालिका वय के अनुसार जीवन का सर्वांगीण ज्ञान प्राप्त कर स्वस्थ मनोवृत्तियों वाले युवक-युवती बनकर कार्यक्षेत्र में उतर सकें।

स्वप्न जीवन की मधुरता है तथा प्रणय उसकी शक्ति; परन्तु उनको यथार्थ समझ लेना जीवन की संजीवनी जड़ी है, यह न भूलना चाहिए। क्या विकृत होकर अंगूर का प्राण को शीतल करने वाला मधुर रस भी तीखी, मस्तिष्क को उत्तप्त कर उसमें उन्माद भर देने वाली मदिरा नहीं हो जाता?

एक की वातावरण में परिवर्द्धित होने के कारण बालिकाओं का मानसिक विकास भी विकृत हुए बिना नहीं रहता, परन्तु यह भी अधिकांश में सत्य है कि उनकी मनोवृत्ति, युवकों की मनोवृत्ति के समान ऐसे उद्धत उच्छृंखल रूप में अपना परिचय नहीं देती, चाहे उनकी स्वभाव-सुलभ लज्जा इसका कारण हो, चाहे अन्य सामाजिक बन्धन। परन्तु एक दोष उनका ऐसा है जिसकी ओट में युवक अपनी नैतिक दुर्बलता छिपाने का प्रयत्न करते हैं और सम्भव है बहुत काल तक करते रहें। मनुष्य की वेश-भूषा पर, उसके बाह्य आवरण पर, उसके व्यक्तित्व का वैसा ही आलोक पड़ता है जैसा ग्लोब पर दीपशिखा का। प्रायः हम बाह्य रूप से आन्तरिक विशेषताओं की ओर जा सकते हैं, परन्तु इसके विपरीत पहले आन्तरिक गुणों को समझ लेना अधिकांश व्यक्तियों के लिए कठिन हो जाता है। बाह्य रूप से हम एक को संयमी तथा दूसरे को जीवन के लिए आवश्यक संयम से खिलवाड़ करने वाला उच्छृंखल व्यक्ति मान लेते हैं। इसके अतिरिक्त वेष का एक मनोवैज्ञानिक प्रभाव भी पड़ता है। वेश्या संन्यासिनी के वेष में अपनी भावभंगी में वह नहीं व्यक्त कर सकती जो अपने वेष में कर सकेगी। हर एक वर्ण की, आश्रम की वेश-भूषा चुनने में केवल विभिन्नता ही दृष्टि में नहीं रखी गई थी उसका दूसरा तथा पहननेवाले के ऊपर पड़नेवाला अव्यक्त प्रभाव भी ध्यान में रखा गया था। आज जिस रूप में हमारी नवयुवतियाँ पुरुष-समाज में आती जाती हैं, वह उनका भ्रान्त परिचय ही दे सकता है। किसी विद्यार्थिनी को जिज्ञासु विद्यार्थिनी मात्र समझ लेना कठिन हो उठा है, कारण वह जीवन की गम्भीरता से दूर उच्छृंखल तितली के रूप में घर से बाहर आती है और प्रायः दूसरों के आकर्षण का केन्द्र बनना बुरा नहीं समझती। नवयुवकों के विषय में भी यही सत्य है, परन्तु उनमें आकर्षण का गुण अपेक्षाकृत न्यून होने के कारण उतनी हानि नहीं होती। बहिनें प्रश्न कर सकती हैं कि क्या दूसरों के लिए वे शृंगार छोड़कर तपस्विनी बन कर घूमें। इस प्रश्न को कई दृष्टिकोणों से देखा जा सकता है। यदि हमारा आडम्बर आत्मतुष्टि के लिए है तो घर की सीमा तक भी सीमित किया जा सकता है; बाहर स्थान तथा समय के अनुसार गाम्भीर्य से आया जावे। परन्तु यदि यहाँ की युवतियाँ, जहाँ उनके भाइयों में दूषित मनोवृत्ति उत्पन्न हो गई है, उनकी असंख्य बहिनें आँसुओं से शृंगार कर रही हैं, जहाँ उन्हें बाहर, भूला हुआ आदर्श स्थापित करना है, भीतर जीर्ण सामाजिक

बन्धनों को नवीन रूप देना है, अपने आपको श्रद्धा तथा आदर के योग्य प्रमाणित करना है, ऐसा शृंगार, जो उनके मार्ग में बाधक होता है, छोड़ दें तो क्या प्रलय हो जायेगा?

यदि वे अपने आपको केवल मनोरंजन का साधन समझती हैं तब तो उनका चित्र बना रहना अच्छा ही है, अन्यथा उन्हें अपने आपको बाधाओं के अनुरूप वीर कर्मण्य प्रमाणित करना ही पड़ेगा।

इसके अतिरिक्त उन्हें सदा यह ध्यान में न रखना चाहिए कि संसार के सारे पुरुष उन्हें कुदृष्टि से देखते या देखने का दुस्साहस कर सकते हैं। हमें प्रायः अपने विश्वास की छाया ही दूसरों में दिखाई पड़ने लगती है। जो स्वयं अपना आदर नहीं करना जानता वह दूसरों के सम्मुख अपने आपको आदर का पात्र प्रमाणित भी नहीं कर सकता, यह एकान्त सत्य है। हमारा आत्मविश्वास के साथ पुरुषों के सम्पर्क में आना तथा किसी की वास्तविक कुचेष्टा को सद्‌भाव से दूर करने का प्रयत्न किसी भी प्रकार के बलप्रदर्शन से अधिक स्तुत्य सिद्ध होगा। परन्तु एक व्यक्ति में किसी आत्मिक परिवर्तन के लिए दूसरे की आत्मा में उससे सौ गुना आत्मिक बल चाहिए।

इस सम्बन्ध में स्त्रियों द्वारा जो कहा जाता है झुँझलाहट से रंगीन हो जाता है। उन्होंने जिस रूप में इस समस्या को देखा तथा सुलझाना चाहा है वह अधिक उपयोगी न होगा। हमारे तथा पुरुषों के सामञ्जस्यपूर्ण सम्बन्ध पर बहुत कुछ निर्भर है और उस उपाय से विकृति ही उत्पन्न होगी। आज हम उस विकृति के एक रूप में रो रहे हैं, कल दूसरे से खिन्न होंगे, परन्तु वह सामञ्जस्य कहाँ मिलेगा जो समाज का जीवन है। हमारी सामाजिक तथा अन्य व्यवस्थाओं की रूपरेखा चिन्तनशील दार्शनिक निर्धारित कर सके हैं और उसके अनुसार निर्माण का कार्य कर्मण्य व्यक्तियों का रहा है। आज भी हमें अपने भविष्य को ढालने के लिए उन्हीं से साँचा माँगना होगा, इसमें सन्देह नहीं। पुरुष भी इसी विषम मार्ग को सम बनाने में सहायक हो सकते हैं, यदि वे स्त्री की त्रुटियों की आलोचना के स्थान में उसकी कठिनाइयाँ देखने लगें। उनकी संकीर्णता ने ही बाहर आने वाली स्त्रियों को आवश्यकता से अधिक सतर्क कर दिया है। उन्हें पग-पग पर अशिष्ट अधिक मिलते हैं सज्जन कम, अतः धोखा खाने की सम्भावना उन्हें अनावश्यक कटु बना दे तो विशेष आश्चर्य की बात नहीं है।

□□

1936

समाज और व्यक्ति

समाज ऐसे व्यक्तियों का समूह है, जिन्होंने व्यक्तिगत स्वार्थों की सार्वजनिक रक्षा के लिए, अपने विषम आचरणों में साम्य उत्पन्न करने वाले कुछ सामान्य नियमों से शासित होने का समझौता कर लिया है।

मनुष्य को समूह बनाकर रहने की प्रेरणा पशु-जगत् के समान प्रकृति से मिली है, इसमें सन्देह नहीं; परन्तु उसका क्रमिक विकास विवेक पर आश्रित है, अन्ध प्रवृत्तिमात्र पर नहीं। मानसिक विकास के साथ-साथ उसमें जिस नैतिकता की उत्पत्ति और वृद्धि हुई उसने उसे पशु-जगत् से सर्वथा भिन्न कर दिया। इसी से मनुष्य-समाज समूहमात्र नहीं रह सका, वरन् धीरे-धीरे एक ऐसी संस्था में परिवर्तित हो गया जिसका ध्येय भिन्न-भिन्न सदस्यों को लौकिक सुविधाएँ देकर उन्हें मानसिक विकास के पथ पर आगे बढ़ाते रहना है।

आदिम युग का मनुष्य, समूह में रहते हुए भी पारस्परिक स्वार्थ की विवेचना और उसकी समस्याओं से अपरिचित रहा होगा। अनुमानतः सामाजिक भावना का जन्म परस्पर हानि पहुँचाने वाले आचरण से तथा उसका विकास नवीन स्थानों में उत्पन्न संगठन की आवश्यकता से हुआ है। किसी भी प्राणिसमूह को अपने जन्मस्थान में उतने अधिक संगठन की आवश्यकता नहीं होती जितनी किसी नये स्थान में होती है, जहाँ उसे अपने आपको नवीन परिस्थितियों के अनुरूप बनाना पड़ता है। यदि उसकी सहजबुद्धि इस एकता की अनिवार्यता का बोध न कराती तो इस समूह-विशेष का जीवन ही कठिन हो जाता। मनुष्य जाति जब जीवन के लिए अधिक सुविधाएँ प्रदान करने वाले प्रदेशों में फैलने लगी तब उसके भिन्न-भिन्न समूहों को अपनी शक्तियों का दृढ़तर संगठन करने की आवश्यकता ज्ञात हुई, अन्यथा वे नई परिस्थितियों और नये शत्रुओं से अपनी रक्षा करने में समर्थ न हो पाते। भिन्न-भिन्न व्यक्तियों में बिखरी हुई उच्छृंखल शक्ति जाति के लिए दुर्बलता बन जाती है यह पाठ मनुष्य समूह ने अपने जीवन के आरम्भ में ही सीख लिया था; इसी से वह उसे एकता के सूत्र में बाँध कर अपने आपको सबल बना सका। अनेक व्यक्ति एक ही स्थान में एक दूसरे के निकट बसने लगे, परस्पर सहानुभूति और सद्भाव उत्पन्न करने के लिए एक दूसरे की खाद्य और आच्छादन छीन लेने की प्रवृत्ति को रोकने लगे और विजाति

से युद्ध के समय शक्ति को संगठित रखने के लिए अपने समूह विशेष के किसी अग्रगण्य वीर का शासन मानना सीखने लगे। विशेष सुविधाओं के लिए एकत्र यह मनुष्य समूह ही हमारे विकसित तथा अनेक नैतिक और धार्मिक बन्धनों में बँधे सभ्य समाज का पूर्वज कहा जा सकता है। आज भी असभ्य जातियों के संगठन के मूल में यही आदिम युग की भावना सन्निहित है।

स्थान-विशेष की जलवायु तथा वातावरण के अनुरूप एक जाति रंग-रूप और स्वभाव में दूसरी से भिन्न रही है और प्रत्येक में अपनी विशेषताओं की रक्षा के लिए स्वभावगत प्रेरणा की प्रचुर मात्रा रहती है। आत्मरक्षा के अतिरिक्त उन्हें अपनी जातिगत विशेषताओं की चिन्ता भी थी, अतः उनमें व्यवहार के लिए ऐसे विशेष नियम भी बनने लगे जिनका पालन व्यक्ति की आत्मरक्षा के लिए न होकर जाति की विशेषताओं की रक्षा के लिए अनिवार्य था। आत्मरक्षा की भावना के साथ-साथ मनुष्य में जाति की विशेषताओं की रक्षा की भावना भी बढ़ती गई। जिससे उसके जीवन सम्बन्धी नियम विस्तृत और जटिल होने लगे। समूह-द्वार निश्चित नियम-सम्बन्धी समझौते के विरुद्ध आचरण करने वाले को दण्ड मिलने का विधान था, परन्तु इस विधान द्वारा, छिपाकर विरुद्धाचरण करनेवालों को नहीं रोका जा सकता था। अतएव कालान्तर में उन नियमों के साथ पारलौकिक सुख-दुःखों की भावना भी बँध गई। मनुष्य को स्वभाव से ही अज्ञात का भय था, इसी से उसके निर्माण के सब कार्यों में एक अज्ञात कर्ता का निर्माण प्रमुख रहा है। इस अज्ञात का दण्ड और पुरस्कार मनुष्य के आचरण को इतना अधिक प्रभावित करता आ रहा है कि अब उसे महत्त्व में समाज के वास्तविक दण्ड और पुरस्कार के साथ एक ही तुला पर तोला जा सकता है। आरम्भ में, यदि समाज के रोष या प्रसाद से उत्पन्न लौकिक हानि और लाभ आचरण के ढालने के कठोर साँचे थे, तो पारलौकिक सुख-दुःखों की भावना उस मानसिक संस्कार का दृढ़ आधार थी, जिससे आचरण को रूप मिलता है। इस प्रकार लौकिक सुविधा की नींव पर, नैतिक उपकरणों से, धार्मिकता का रंग देकर हमारी सामाजिकता का प्रासाद निर्मित हो सका। जिस क्रम से मनुष्य सभ्यता के मार्ग पर अग्रसर होता गया उसी क्रम से समाज के नियम अधिकाधिक परिष्कृत होते गये और पूर्ण विकसित तथा व्यवस्थित समाज में वे केवल व्यावहारिक सुविधा के साधनमात्र न रह कर सदस्यों के नैतिक तथा धार्मिक विकास के साधन भी हो गये।

व्यक्ति तथा समाज का सम्बन्ध सापेक्ष कहा जा सकता है, क्योंकि एक के अभाव में दूसरे की उपस्थिति सम्भव नहीं। व्यक्ति के स्वत्वों की रक्षा के लिए समाज बना है और समाज के अस्तित्व के लिए व्यक्ति की आवश्यकता रहती है। एक

सामाजिक प्राणी स्वतंत्र और परतंत्र दोनों ही है। जहाँ तक वैयक्तिक हितों की रक्षा के लिए निर्मित नियमों का सम्बन्ध है, व्यक्ति परतन्त्र ही कहा जायेगा; क्योंकि वह ऐसा कोई कार्य करने के लिए स्वच्छन्द नहीं जिससे अन्य सदस्यों को हानि पहुँचे। परन्तु अपने और समाज के व्यक्तिगत तथा सार्वजनिक विकास के क्षेत्र में व्यक्ति पूर्णतः स्वतन्त्र रहता है।

अवश्य ही इस विकास की व्याख्या प्रत्येक व्यक्ति अपने स्वार्थ की दृष्टि से नहीं कर सकता, अन्यथा इसकी परिभाषाएँ समाज के सदस्यों की संख्या से न्यून हो सकतीं। मनुष्य-जाति का, बर्बरता की स्थिति से निकल कर मानवीय गुणों तथा कला-कौशल की वृद्धि करते हुए सभ्य और सुसंस्कृत होते जाना ही उसका विकास है। इस विकास की ओर अग्रसर होकर व्यक्ति समाज को भी अग्रसर करता है। व्यक्ति जब वैयक्तिक हानि-लाभ को केन्द्रबिन्दु बनाकर अपनी सार्वजनिक उपयोगिता भूलने लगता है, तब समाज की व्यवस्था और उसके सामूहिक विकास में बाधा पड़ने लगती है। भिन्न-भिन्न स्वभाव और स्वार्थवाले व्यक्तियों के आचरणों में कुछ विषमता अवश्य ही रहती है; परन्तु जब इस विषमता की मात्रा सामञ्जस्य की मात्रा के समान या उससे अधिक हो जाती है तब समाज की सामूहिक प्रगति दुर्गति में परिवर्तित होने लगती है। इस विषमता का चरम सीमा पर पहुँच जाना ही क्रान्ति को जन्म देता है, जिससे समाज की व्यवस्था को नई रूपरेखा मिलती है।

व्यक्ति समाज से पृथक् रह सकता है या नहीं, यह प्रश्न कई दृष्टिकोण से देखा जा सकता है। यदि समाज का अर्थ सम्प्रदाय-विशेष समझा जावे, तो मनुष्य उससे स्वतन्त्र रह सकता है, क्योंकि ऐसी स्वतन्त्रता मनुष्य के मानसिक जगत् के अधिक समीप है। एक व्यक्ति अपनी विचारधारा में जितना स्वतन्त्र हो सकता है उतना व्यवहार में नहीं हो सकता। मानसिक जगत् का एकाकीपन व्यावहारिक जगत् में सम्भव नहीं, इसी से प्राचीन काल में भी भिन्न-भिन्न मत और दर्शन वाले व्यक्तियों के पृथक्-पृथक् समाज नहीं बनाये गये। केवल आत्मापेक्षी जगत् में मनुष्य समाज से स्वतन्त्र होकर रह सकता है। परन्तु यदि समाज की परिभाषा ऐसा मनुष्य-समूह हो, जो पारस्परिक सहयोगापेक्षी है, तो उस समाज से व्यक्ति का नितान्त स्वतन्त्र होना किसी युग में भी सम्भव नहीं हो सका है। सभ्य और असभ्य दोनों ही स्थितियों में मनुष्य दूसरे मनुष्यों के सहयोग से अपना जीवन-मार्ग प्रशस्त कर सका है। उसके लिए अन्न, वस्त्र जैसी साधारण परन्तु आवश्यक वस्तुएँ भी अनेक व्यक्तियों के प्रयत्न का फल हैं; यह स्वतः प्रमाणित है। उसकी भावना को जीवित रखने वाली कलाएँ, उसके बौद्धिक विकास को प्रशस्त बनाने वाला साहित्य और व्यवहार-जगत् में उसके जीवन को सुख और

सुविधाएँ देने वाले भवन, ग्राम, नगर तथा अन्य अनिवार्य वस्तुएँ सबकी उत्पत्ति मनुष्यों के सहयोग से हुई है, इसे कोई अस्वीकार न कर सकेगा। युगों से व्यक्ति को सुखी रखने और उसके जीवन को अधिक पूर्ण तथा सुगम बनाने के लिए मानव-जाति प्रकृति से निरन्तर युद्ध करती आ रही है। उसने अपनी संगठित शक्ति से पर्वतों के हृदय को वेध डाला, प्रपातों की गति बाँधी, समुद्रों को पार किया और आकाश में मार्ग बनाया। मनुष्य यदि मनुष्य को सहयोग देना स्वीकार न करता तो न मानवता की ऐसी अद्भुत कहानी लिखी जाती और न मनुष्य अपनी आदिम अवस्था से आगे बढ़ सकता। मनुष्य जाति संगठन में ही जीवित रहेगी, जब तक यह सत्य है तब तक समाज की स्थिति भी सुदृढ़ रहेगी। सारे मनुष्य एक ही स्थान में नहीं रह सकते, अतः उनके समूहों के विकासोन्मुख संगठन पर सारी जाति की उन्नति का निर्भर होना स्वाभाविक ही है। इसके अतिरिक्त मनुष्य प्रकृति से ही सामाजिक प्राणी है; अपने स्वभाव में आमूल परिवर्तन बिना किये उसका समाज से पृथक् होना न सम्भव है और न वांछनीय।

फिर भी यह कहना कि समाज व्यक्ति के सम्पूर्ण जीवन में व्याप्त है, सत्य की उपेक्षा करना होगा। साधारणतः मानवीय स्वभाव का अधिकांश समाज के शासन में नहीं रहता, क्योंकि वह बन्धन से परे है। मनुष्य के जीवन का जितना अंश धर्म, शिक्षा आदि की भिन्न-भिन्न सामाजिक संस्थाओं के सम्पर्क में आता है, उतना ही समाज-द्वारा शासित समझा जाता है और उतने ही से हम उसके विषय में अपनी धारणा बनाते रहते हैं। समाज यदि मनुष्यों का समूह मात्र नहीं है तो मनुष्य भी केवल क्रियाओं का समूह नहीं। दोनों के पीछे सामूहिक और व्यक्तिगत इच्छा, हर्ष और दुःखों की प्रेरणा है। जीवन, केवल इच्छाओं या भावनाओं से उत्पन्न आचरणों को सेना के समान कवायद सिखा देने में ही सफल नहीं हो जाता, वरन् उन इच्छाओं के उद्गमों को खोजकर उनसे मनुष्यता की मरुस्थली को आर्द्र करके पूर्णता को प्राप्त होता है।

इस दृष्टि से समाज की सत्ता दो रूपों में विभक्त हो जाती है। एक के द्वारा वह अपने सदस्यों के व्यवहार और आचरणों पर शासन करता है और दूसरे के द्वारा वह उनकी स्वाभाविक प्रेरणाओं का मूल्य आँक कर उनके मानसिक विकास के उपयुक्त वातावरण प्रस्तुत करता रहता है। किसी भी व्यक्ति को अपने लिए विशेष वातावरण ढूँढ़ने नहीं जाना पड़ता, क्योंकि वह एक गृह-विशेष में जन्म लेकर अपनी वृद्धि के साथ-साथ अन्य सामाजिक संस्थाओं के सम्पर्क में आता रहता है। जैसे उसे साँस लेने के लिए वायु की खोज नहीं करनी पड़ती उसी प्रकार वातावरण-विशेष से भी वह

अनभिज्ञ रहता है। उसकी व्यावहारिकता और आध्यात्मिकता दोनों उसके अनजानपन में एक विशेष रूपरेखा में बँधने लगती हैं और जब वह सजग होकर अपने आपको देखता है तब वह बहुत कुछ बन चुका होता है। परन्तु यदि व्यक्ति अपने इस रूप से सन्तुष्ट हो सके तो उसे निर्जीव मृत्पिण्ड ही कहेंगे, जो किसी साँचे में ढल सकता है, परन्तु ढाल नहीं सकता। वास्तव में समाज के दान की जहाँ इति है, व्यक्ति का वहीं से अथ होता है। वह दर्जी के सिले कपड़ों के समान पहले समाज के वैध सिद्धान्तों को धारण कर लेता है और तब उनके तंग या ढीले होने पर, सुन्दर या कुरूप होने पर अपना मतामत देता है। इसी मतामत से समय-समय पर समाज को अपने पुराने सिद्धान्तों को नया रूप देना पड़ता है। प्रगतिशील समाज में व्यक्ति और व्यक्तियों का समूह अन्योन्याश्रित ही रहेंगे और उनका दान प्रतिदान उपयोगिता की एक ही तुला पर विकास के एक ही बाँट से तोला जा सकेगा।

समाज की दो आधार-शिलाएँ हैं, अर्थ का विभाजन और स्त्री-पुरुष का सम्बन्ध। इनमें से यदि एक की भी स्थिति में विषमता उत्पन्न होने लगती है, तो समाज का सम्पूर्ण प्रासाद हिले बिना नहीं रह सकता।

अर्थ सामाजिक व्यक्ति की अनिवार्य आवश्यकता है, क्योंकि उसके द्वारा जीवन के लिए आवश्यक सामग्री प्राप्त हो सकती है। बर्बरता तथा सभ्यता दोनों ही परिस्थितियों में मनुष्य अपने सुख के साधन चाहता है अन्तर केवल यही है कि एक स्थिति में अपने सुख के साधन प्राप्त करना व्यक्ति की शक्ति पर निर्भर है और दूसरी में सुख की सामग्री के समान विभाजन का अधिकार समाज को सौंप दिया जाता है। बर्बरता की स्थिति में शक्ति का उपयोग व्यक्तिगत हितों की रक्षा में निहित था, परन्तु सभ्य समाज में शक्ति का उपयोग सार्वजनिक है। समाज अपने सदस्यों में प्रत्येक को, चाहे वह सबल हो चाहे निर्बल, सुख के साधन समान रूप से वितरित करने पर बाध्य समझा जाता है।

सब व्यक्तियों का शारीरिक तथा मानसिक विकास एकसा नहीं होता और न वे सब एक जैसे कार्य के उपयुक्त हो सकते हैं; परन्तु समाज के लिए वे सभी समान रूप से उपयोगी हैं। एक दार्शनिक, कृषक का कार्य चाहे न कर सके, परन्तु मानव-जाति को मानसिक भोजन अवश्य दे सकता है। इसी प्रकार एक कृषक चाहे मानव-समूह को कोई वैज्ञानिक आविष्कार भेंट न कर सके, परन्तु जीवन-धारण के लिए अन्न देने का सामर्थ्य अवश्य रखता है। एक भवन बनाने में हमें ऐसे व्यक्ति की आवश्यकता होती है, जो बनने से पहले कागज पर उसकी भावी रूपरेखा अंकित कर सके; ऐसे व्यक्ति की सहायता भी चाहिए जो ईंट-पत्थर को जमाना और जोड़ना जानता हो और

ऐसे व्यक्तियों के सहयोग की अपेक्षा भी रहती है जो मिट्टी-ईंट प्रस्तुत करके निर्माता तक पहुँचा सकें। पृथक्-पृथक् देखने से किसी का भी कार्य महत्त्वपूर्ण न जान पड़ेगा, परन्तु उनके संयुक्त प्रयत्न से निर्मित भवन प्रमाणित कर सकता है कि उनमें से कोई भी उपेक्षणीय नहीं था। समाज की भी यही दशा है। वह अपनी पूर्णता के लिए सब सदस्यों को उनकी शक्ति और योग्यता के अनुसार कार्य देकर उनके जीवन की सुविधाएँ प्रस्तुत करता है। जब इस नियम के विरुद्ध वह किसी को बिना किसी परिश्रिम के बहुत सी सुविधाएँ दे देता है और किसी को कठिन परिश्रम के उपरान्त भी जीवन के लिए आवश्यक वस्तुओं से रहित रखता है, तब उसे लक्ष्य-भ्रष्ट ही कहना चाहिए; क्योंकि यह स्थिति तो बर्बरता में भी सम्भव थी। यदि उस स्थिति से मनुष्य सन्तुष्ट रह सकता तो फिर समाज की आवश्यकता ही न रह जाती। किसी भी सामंजस्यपूर्ण समाज में परिश्रम और सुख की यह विषमता सम्भव नहीं, क्योंकि यह उस समझौते के नितान्त विपरीत है, जिसके द्वारा मनुष्य ने मनुष्य को सहयोग देना स्वीकार किया था। जो बर्बर मनुष्य अपने एक सुख के लिए दूसरे के अनेक सुखों को छीन लेने के लिए स्वच्छन्द था, उसी की उच्छृंखलता को समाज ने न्याय के बन्धन में बाँध लिया है। इस बन्धन के अभाव में प्रत्येक व्यक्ति फिर अपनी पूर्व स्थिति में लौट सकता है, यह इतने वर्षों के अनुभव ने अपेक्षाकृत स्पष्ट कर दिया है। कुछ व्यक्तियों के प्रति समाज का ऐसा अनुचित पक्षपात ही वह व्याधि है, जो उसके रक्त का शोषण करते-करते अन्त में उसे निर्जीव कर देती है।

यह सम्भव है कि सबल, दुर्बलों को अपनी बर्बर शक्ति के द्वारा बाँध कर रख सकें, परन्तु यह अनिच्छा और परवशता से स्वीकृत सहयोग दासत्व से किसी भी अंश में न्यून नहीं कहा जा सकता। इतिहास प्रमाणित कर देगा कि ऐसे दासत्व बहुत काल के उपरान्त एक अद्भुत संहारक शक्ति को जन्म देते रहे हैं, जिसकी बाढ़ को रोकने में बड़े शक्तिशाली भी समर्थ नहीं हो सके। मनुष्य स्वभावतः जीवन को बहुत प्यार करता है, परन्तु जब सहयोगियों के निष्ठुर उत्पीड़न से वह नितान्त दुर्वह हो उठता है, तब उसकी ममता घोरतम विरक्ति में परिवर्तित हो जाती है। पीड़ितों का समाधान सम्भव हो सकता है, परन्तु ऐसे हताश और जीवन के प्रति निर्मम व्यक्तियों का समाधान सम्भव नहीं। ऐसे व्यक्तियों का वेग आँधी के समान चक्षुहीन, बाढ़ के समान दिशाहीन और विद्युत् के समान लक्ष्यहीन हो जाता है। अपने सदस्यों की मनःस्थिति ऐसी क्रान्ति तक पहुँचा देना समाज की मनोविज्ञान-शून्यता ही प्रकट करता है।

क्रान्ति युग की प्रवर्तिका है अवश्य, परन्तु उसका कार्य, प्रवाह को एक दिशा से रोककर दूसरी में ले जाने के समान है, इसी से उसे पहले लिखा हुआ मिटाना

पड़ता है, सीखा हुआ भुलाना पड़ता है और बसाया हुआ उजाड़ना पड़ता है। इसीलिए सुव्यवस्थित समाज विकासमार्ग में रुक-रुक कर अपने गन्तव्य और दिशा की परीक्षा करना आवश्यक समझते हैं। बाढ़ से पहले बाँध की उपयोगिता है। जल के प्रलयंकर प्रवाह में चाहे वह न बन सके, परन्तु उसका पूर्ववर्ती होकर अनेक आघात सहकर भी स्थिर रह सकता है। फिर यह आवश्यक नहीं कि ऐसी संहारक और सर्वग्रासी क्रान्ति, सुन्दर निर्मायक भी हो। तरंग का स्वभाव तट से टकरा कर लौट जाना है, यह देखना नहीं कि तीर की समरेखा अक्षुण्ण रही या नहीं रही। यह कार्य तो तट की दृढ़ता और प्रकृति पर निर्भर है। क्रान्ति के आघात से अपनी रूपरेखा बचा लेना उसी समाज के लिए सम्भव है, जो उसके उद्‌गम और दिशा से परिचित हो और उसे सहन करने की क्षमता रखता हो। जिस समुद्र के अनन्त और अथाह गर्भ में पर्वत खो गये हैं, उसी से तट से सम्बन्ध रखने वाले गोताखोर मोती निकाल लाते हैं और जिस ऊँची लहर के सामने बड़े-बड़े पोत बह जाते हैं उसी में, तट पर आधर-स्तम्भ के सहारे, मनुष्य स्नान करके निर्मल हो जाते हैं।

यदि समाज के पास ऐसा आधार-स्तम्भ हो तो क्रान्तियाँ उसे और अधिक निर्मल बना सकती हैं। इसकी अनुपस्थिति में निरुद्देश बहना ही अधिक सम्भव है, जो व्यक्ति और समाज के युगदीर्घ बन्धन को शिथिल किये बिना नहीं रहता।

स्त्री पुरुष का सम्बन्ध भी अर्थ से कम महत्त्वपूर्ण नहीं। समाज को बाँधने वाला यह सूत्र कितना सूक्ष्म और दृढ़ है, यह उसके क्रमिक विकास के इतिहास से प्रकट हो जायेगा।

यह धारणा कि गृह का आधार लेकर समाज का निर्माण हो सका है। आधुनिकता के आलोक में पुरानी मानी जावेगी। परन्तु नैतिक दृष्टि से समाज-वृक्ष के सघनमूल का पहला अंकुर स्त्री, पुरुष और उसकी सन्तान में पनपा इसे निर्मूल सिद्ध कर देना सम्भव नहीं हो सकेगा।

यदि वह ध्यान से देखें तो ज्ञात होगा कि बहुत काल से स्त्री की स्थिति समाज का विकास नापने के लिए मापदंड रही है। नितान्त बर्बर जाति में स्त्री केवल विनोद का साधन और अधिकार में रखने की वस्तु समझी जाती रही। आज भी जंगली जातियों में स्त्री की वह स्थिति नहीं है, जो सभ्य समाज में मिलेगी। उस आदिम युग में मातृत्व स्त्रीत्व का आकस्मिक परिणाम था, जिससे जाति तो लाभ उठाती थी, परन्तु स्त्री उपयोगी यन्त्र से अधिक गौरव नहीं पाती थी। तब स्त्री पुरुष का सम्बन्ध भी अपने क्षणिक विनोद और उत्तरदायित्वहीनता के कारण पशुत्व का ही एक रूप था। वह

यदि पशुत्व से निकृष्ट नहीं कहा जा सकता तो उत्कृष्ट होने का गर्व भी नहीं कर सकता। कहीं पुरुषों का समूह का समूह स्त्री-समूह से विवाहित था, कहीं एक पुरुष के अधिकार में पालतू पशुओं के समान बहुत-सी स्त्रियाँ थीं और कहीं स्त्री की संख्या न्यून होने के कारण अनेक पुरुष एक स्त्री पर अधिकार रखते थे। सारांश यह कि जहाँ जनसंख्या के अनुसार जैसी आवश्यकता थी वैसे ही नियम बन गये।

जाति की वृद्धि और पुरुषों के मनोविनोद का साधन होने के अतिरिक्त स्त्री का कोई और उपयोग नहीं था। आनन्द के अन्य उपकरणों के समान उन्हें विपक्षियों से जीत लाना या सुयोग पाकर उनका अपहरण कर लाना साधारण-सी बात थी। स्त्री के हृदय है या उसकी इच्छा अनिच्छा भी हो सकती है, यह आदिम युग के पुरुष की सहज बुद्धि से परे था, परन्तु जैसे-जैसे मानव-जाति पशुत्व की परिधि से बाहर आती गई, स्त्री की स्थिति में भी अन्तर पड़ता गया। जाति की माता होने के नाते उसके प्रति कुछ विशेष आदर का भाव भी प्रदर्शित किया जाने लगा। कब और कैसे पुरुष तथा स्त्री के सम्बन्ध में उस आसक्ति का जन्म हुआ जिसने समय के प्रवाह में परिष्कृत से परिष्कृततर होते-होते गृह की नींव डाली, यह जान सकना कठिन है, परन्तु अनुमानतः दोनों की ही प्रवृत्ति और सहज बुद्धि ने उस अव्यवस्थित जीवन की त्रुटियाँ समझ ली होंगी। परस्पर संघर्ष में लगी हुई जातियों को तो इतना अवकाश ही न मिलता था कि वे जीवन की विशेष सुविधाओं का अभाव अनुभव करतीं। परन्तु जब उन्होंने अपेक्षाकृत शान्ति से बसने का स्थान खोज निकाला और जीवन के लिए कुछ सुविधाएँ प्राप्त कर लीं, तब उनका ध्यान स्त्री की स्थायी उपयोगिता पर भी गया। पुरुष ने देखा, वह कभी श्रान्त, कभी क्लान्त और कभी रोगग्रस्त एकाकी है। ऐसी दशा में किसी मृदुस्वभावा सहचरी के साहचर्य की ओर उसकी कल्पना स्वतः प्रधावित होने लगी तो आश्चर्य ही क्या है? अपने अभाव के अतिरिक्त पुरुष की अधिकार-भावना भी गृह की नींव डालने में बहुत सहायक हुई होगी। अपनी तलवार, अपने धनुषबाण के समान पुरुष, अपनी स्त्री और अपनी सन्तान कहने के लिए भी आतुर हो उठा। मनोज्ञ स्त्री को संघर्ष से बचाने और जाति को वीर पुत्र देने का गर्व करने के लिए भी यह आवश्यक था कि स्त्री एकान्त रूप से उसी के अधिकार में रहती। स्त्री ने भी अनिश्चित और संघर्षमय बाह्य जीवन से थककर अपने तथा अपनी सन्तान के लिए ऐसा साहचर्य स्वीकार किया, जो उसे जीवन की अनेक असुविधाओं से मुक्त कर सकता था। इस साहचर्य के नियम बहुत काल तक कोई स्पष्ट रूपरेखा न पा सके, क्योंकि उस समय तक मनुष्य-समूह की स्थिति में भी निरन्तर परिवर्तन होता रहता था।

जिस समाज में हर पुरुष तथा स्त्री के सम्बन्ध का प्राचीनतम रूप देख सकते

हैं, वह वैदिक समाज है, परन्तु वह अपनी संस्कृति और प्रगतिशीलता के कारण किसी भी अर्थ में आदिमकाल का समाज नहीं कहा जा सकता। उस समय तक समाज की रूप-रेखा स्पष्ट और उद्देश्य निश्चित हो जाने के कारण स्त्री की स्थिति में भी बहुत अन्तर आ चुका था।

वेदकालीन समाज जीवन-धारण के लिए अनिवार्य, अग्नि, इन्द्र, सूर्यादि का महत्त्व समझ चुका था; रात्रि उषा आदि की अभिनव सुषमा देखकर भाव विह्वल हो चुका था; नवीन स्थान में अपने संगठन को दृढ़तर करने के लिए वर्णव्यवस्था का आविष्कार कर चुका था और जाति की वृद्धि और प्रसार के लिए व्यक्ति को धर्म की दीक्षा दे चुका था। गृह के बिना पुरुष का कहीं बसना सम्भव नहीं और स्त्री के बिना गृह नहीं, अतः स्त्री, पुरुष की सहधर्मिणी निश्चित की गई। उन दोनों का उद्देश्य समाज को सुयोग्य सन्तान की भेंट देना और फिर उस सन्तान के लिए स्थान रिक्त करके अवकाश लेना था। उस समय जाति की विधात्री होने के कारण स्त्री आवश्यक और आदरणीय तो थी ही, साथ ही, उसके जीवनचर्या सम्बन्धी नियम भी अधिक कठोर नहीं बनाये जा सके। सहधर्मिणीत्व के अभाव में भी समाज उसकी सन्तान को त्याज्य नहीं कह सकता था; सौभाग्य से शून्य होने पर भी समाज उसे गृहधर्म से निर्वासन-दंड न दे सकता था। वह मत्स्योदरी होकर भी राजरानी के पद पर प्रतिष्ठित हो सकती थी, कुन्ती होकर भी मातृत्व की गरिमा से गुरु रह सकती थी और द्रौपदी होकर भी पतिव्रता के आसन से नहीं हटाई जा सकती थी। वह समाज की स्थिति के लिए पुरुष की सहधर्मिणी थी, पुरुष की अधिकार-भावना से बँधी अनुगामिनी मात्र नहीं। जैसे-जैसे भिन्न परिस्थितियों में उसकी सामाजिक उपयोगिता घटती गई, वैसे-वैसे पुरुष, व्यक्तिगत अधिकार भावना से उसे घेरता गया। अन्त में यह स्थिति ऐसी पराकाष्ठा को पहुँच गई जहाँ व्यक्तिगत अधिकार-भावना ने स्त्री के सामाजिक महत्त्व को अपनी छाया से ढक लिया। एक बार पुरुष के अधिकार की परिधि में पैर रख देने के पश्चात् जीवन में तो क्या, मृत्यु में भी वह वह स्वतंत्र नहीं। इस विधान ने ही विधवा की दयनीय स्थिति सम्भव कर दी। कदाचित् पहले यह विधान वर्णों के बन्धन कुछ कठिन हो जाने पर उन सन्तानवती विधवाओं के लिए किया गया होगा जिनको अपने बालकों का पालन उनके पिता के कुल और संस्कृति के अनुसार करना होता था।

प्रत्येक युग की सुविधा और असुविधाओं ने स्त्री-पुरुष के बन्धन को विशेष रूप से प्रभावित किया है और प्रायः वह प्रभाव स्त्री की स्थिति में अधिक अन्तर लाता रहा। शासकों में उसके प्रतिनिधियों की संख्या शून्य सी रही है, अतः उसके सब विधान

पुरुष की सुविधा के केन्द्र बिन्दु बनाकर रचे गये। आध्यात्मिकता का सूक्ष्म अवलम्ब लेकर पुरुष के प्रति उसका जो कर्त्तव्य निश्चित किया गया है, उसमें उसके या समाज के हानि-लाभ का विशेष ध्यान नहीं रखा जा सका, यह स्पष्ट है। पुरुष और स्त्री का सम्बन्ध केवल आध्यात्मिक न होकर व्यावहारिक भी है, इस प्रत्यक्ष सत्य को समाज न जाने कैसे अनदेखा करता रहा है। व्यावहारिकता में एक व्यक्ति को दूसरे के लिए जो त्याग करना पड़ता है, उसके उपयुक्त मानसिक स्थिति उत्पन्न कर देना आध्यात्मिकता का कार्य और आध्यात्मिकता में जिस यथार्थता का स्पर्श हम भुला देते हैं, उसे स्मरण कराते रहना व्यावहारिकता का लक्ष्य है। जब तक दाम्पत्य सम्बन्ध में पशुत्व, देवत्व में घुलकर नहीं आता और देवत्व साकार बन कर नहीं अवतीर्ण होता, तब तक वह अपूर्ण ही रहेगा।

जैसे-जैसे हमारा समाज अपने आधे सदस्यों से अधिकारहीन बलिदान और आत्म-समर्पण लेता जा रहा है, वैसे-वैसे वह भी अपने अधिकार खोता जा रहा है, यह समाज के असन्तोषपूर्ण वातावरण से प्रकट है।

आज के समाज की जो स्थिति है, उसकी उपयुक्त परिभाषा कठिनाई से दी जा सकेगी। वह कुछ विशेष अधिकार-सम्पन्न और कुछ नितान्त अधिकारशून्य व्यक्तियों का ऐसा समूह है, जो उपयोगिता से नहीं वरन् परम्परागत धारणा से बँधा है। कहीं सन्तोष की अतिवृष्टि है और कहीं असन्तोष की अनावृष्टि, जिससे सामाजिक जीवन का सामञ्जस्य नष्ट होता जा रहा है।

हमारा समाज अब प्राचीन-काल का सुसंगठित मानव-समूह नहीं रहा जिसके हाथ में राजनैतिक, धार्मिक, सामाजिक आदि सभी व्यवस्थाएँ थीं। अब भिन्न-भिन्न समाज स्वयं अपना शासन नहीं करते अतः सदस्यों में वह सम्बन्ध रहना सम्भव नहीं जो प्राचीन संगठनों में मिल सकता था। इस प्रकार शासन-सत्ता से हीन होकर समाज दण्ड और पुरस्कार की विशेष क्षमता नहीं रखता। आरम्भ में उसने अपनी इस क्षति की पूर्ति का साधन धर्म को बनाया, जिससे सामाजिक बन्धन बहुत कठिन और दुर्वह हो उठे। धर्म जब मनुष्य के भावना-द्वार से हृदय तक पहुँचता है तब उसके प्रभाव से मनुष्य की विचारधारा वैसे ही विकसित हो उठती है जैसे मलय-समीर से कली। परन्तु वही धर्म जब मनुष्य की बुद्धि पर बलात् डाल दिया जाता है तब वह अपने भार से मनुष्य की कोमल भावनाओं को कुचल-कुचल कर निर्जीव और रसहीन बनाये बिना नहीं रहता। धर्म का शासन हमारे जीवन पर वैस ही प्रयासहीन होना चाहिए, जैसा हमारी इच्छा-शक्ति का आचरण पर होता है। सप्रयास धर्म जीवन का सबसे बड़ा अभिशाप है। न वह जीवन की गहराई तक पहुंच सकता है और न उनकी प्रत्येक

शिरा में व्याप्त होकर उसे रसमय ही कर सकता है। बीज को हम वृक्ष की सबसे ऊँची डाल के अग्र-भाग के साथ बहुत ऊँचाई तक पहुँचा सकते हैं, परन्तु वहाँ उसे जमा सकना हमारी क्षमता के बाहर की बात है। उसे अंकुरित होकर आकाश छूने के लिए पहले पृथ्वी की गहराई में जाना होता है, यह प्रकृति का अटल नियम है। शासन-सत्ता के साथ, समाज को अन्य सामाजिक संस्थाओं की व्यवस्था पर भी अपना प्रभुत्व कम करना पड़ा जिससे समाज और सामाजिक संस्थाएँ विकास के मार्ग में साथ-साथ न चल सकीं। नवीन परिस्थितियों में, समाज के सदस्यों को सुसंगठित होकर एक स्थान में बसने की सुविधा न मिलना भी सामाजिक बन्धन की शिथिलता का कारण बन गया। कुछ व्यक्तिवाद ने और कुछ समाज की अव्यावहारिकता ने मनुष्य को अपनी सामाजिक उपयोगिता भूल जाने पर बाध्य कर दिया।

इस प्रकार अनेक बाह्य और आन्तरिक, प्रकट और अप्रकट कारणों ने समाज का वह रूपान्तर कर डाला जिससे सामूहिक रूप से हमारी हानि हुई। कुछ प्राकृतिक परिस्थितियों पर हमारा वश नहीं था, यह सत्य है, परन्तु यदि हम उनके अनुरूप सामाजिक संगठन कर सकते तो ऐसी अराजकता नितान्त असंभव हो उठती।

इस समय समाज से हमारा अभिप्राय सम्प्रदाय विशेष या जाति-विशेष ही रहता है, जिसके भिन्न-भिन्न स्थानों में फैले हुए सदस्यों के आचरण और रीतियों में एक विशेष समानता रहती है। कुछ समय पूर्व तक यह समाज अपने इने-गिने अधिकारों का प्रयोग विवेक शून्य निष्ठुरता के साथ करता रहा, परन्तु इससे बँधने के स्थान में सारे सदस्य दूर-दूर होते गये। अब तो विवाह आदि के समय ही व्यक्ति अपने जाति-भाइयों की खोज करता है, परन्तु यह अनिवार्यता भी धीरे-धीरे शिथिल होती जा रही है।

प्रत्येक जाति और सम्प्रदाय में कुछ उग्र विचार वाले, कुछ नवीनता के संयत उपासक और कुछ रूढ़िवादी अवश्य मिलेंगे। इनके बिखर जाने के कारण कुछ समाज ऐसे भी बन गये हैं जिनका आधार विचारधारा है, जाति या सम्प्रदाय नहीं। परन्तु जाति के संगठन में यदि उपयोगिता का अभाव है तो इनमें व्यावहारिकता की शून्यता है। उग्र विचारवालों में विचार के अतिरिक्त और कोई समानता नहीं, संयत विचारवालों में पर्याप्त साहस नहीं और रूढ़िवादियों में व्यवहारकुशलता नहीं। समाज को ऐसा अपरूप देने का कुछ श्रेय पाश्चात्य सभ्यता को भी देना होगा, क्योंकि उसके अभाव में ऐसे परिवर्तन प्राकृतिक ढंग से आते। एक विदेशीय संस्कृति में पला समाज जब शासक के रूप में आ जाता है तब शासित जाति के संगठन में कुछ आकस्मिक परिवर्तन होना स्वाभाविक ही है। कोई भी पहले से प्रतिष्ठित संस्कृति न एकदम

पराजय स्वीकार कर सकती है और न विजय में एकान्त विश्वास ही रखती है। शासक और शासित समाज का संघर्ष उच्छृंखल भी हो सकता है और संयत भी, यह ऐतिहासिक सत्य है। किसी समय भारतीय संस्कृति और समाज को मुस्लिम संस्कृति से लोहा लेना पड़ा था और उस अग्निवर्षा से वह अक्षत निकल आई। इस विजय का कारण उस संघर्ष का बाह्य और उच्छृंखल होना ही कहा जा सकता है। किसी जाति की संस्कृति उसके शरीर का वस्त्र न होकर उसकी आत्मा का रस है, इसी से न हम उसे बलात्, छीन सकते हैं और न चीर-फाड़ कर फेंक सकते हैं। उस रस का स्वाद बदलने के लिए तो हमें उससे अधिक मधुर औषधि पिलानी पड़ेगी। जब-जब बाहर की संस्कृति विवेकशून्य होकर आई, उसे पराजय ही हाथ लगी, जब उसने विवेकबुद्धि से काम लिया तब अपने पीछे विजय की ज्वलन्त कहानी छोड़ती गई है।

पाश्चात्य संस्कृति ने हमें युद्ध की चुनौती न देकर मित्रता का हाथ बढ़ाया, इसी से हमारा उससे कोई बाह्य संघर्ष भी नहीं हुआ। वह हमारी अनेक सामाजिक संस्थाओं में प्रवेश पाते-पाते हमारे हृदय में प्रविष्ट हो गई और इस प्रकार बिना किसी संघर्ष के भी हमारे जीवन को उतना ही प्रभावित कर सकी जितना स्वयं हमारी संस्कृति कर सकती थी। उसकी उपयोगिता या अनुपयोगिता के संबंध में बहुत कुछ कहा जाता रहा है और कहा जाता रहेगा, परन्तु इतना दोनों ही दशाओं में सत्य है कि उसने हमारे सामाजिक दृष्टिकोण को बहुत बदल दिया है। शासक संस्कृति होने के कारण यह अन्य संस्कृतियों के समान हमारी संस्कृति में विलीन होना नहीं चाहती, अन्यथा इससे हमारे विकास में कोई विशेष बाधा न पहुँचती। वर्तमान परिस्थितियों में उसने हमारे शिथिल समाज के भीतर एक ऐसे समाज का निर्माण कर दिया है जिसकी आत्मा भारतीय और शरीर अभारतीय जान पड़ता है। इसे न हम साथ ले चल सकते हैं और न छोड़ सकते हैं। वह पश्चिमीय विचारधारा में बहकर भी उससे शासित नहीं होता और भारतीयता में जीवित रहकर भी उससे प्रभावित नहीं होता।

संगठन की इन असुविधाओं के साथ-साथ विषम-अर्थ-विभाजन और स्त्री की स्थिति समाज की नींव को खोखला किये दे रही हैं इसका उत्तरदायित्व समाज और शासन-विभाग दोनों पर है सही, परन्तु उससे उत्पन्न, अव्यवस्था का अधिकांश समाज को मिलता है। केवल शक्ति से शासन हो सकता है, समाज नहीं बन सकता, जिसकी स्थिति मनुष्य के स्वच्छन्द सहयोग पर स्थिर है। निरंकुश शासन, शासक का अन्त कर सकता है, निरंकुश समाज मनुष्यता को समाप्त कर देता है।

1937

जीने की कला

प्रत्येक कार्य के प्रतिपादन तथा प्रत्येक वस्तु के निर्माण में दो आवश्यक अंग हैं—तद्विषयक विज्ञान और उस विज्ञान का क्रियात्मक प्रयोग। बिना एक के दूसरा अंग अपूर्ण ही रहेगी, क्योंकि बिना प्रयोग के ज्ञान प्रमाणहीन है और बिना ज्ञान के प्रयोग आधारहीन—अतः प्रत्येक विज्ञान में क्रियात्मक कला का कुछ अंश अवश्य रहता है और प्रत्येक क्रियात्मक कला भी अपने विज्ञान विशेष की अनुगामिनी बनकर ही सफल होती है। ये दोनों इतने सापेक्ष हैं कि एक को जानने में दूसरे को जानना ही पड़ता है।

यदि हम रंग और उनके मिश्रण के विषय में जान लें, तूलिका आदि के विषय में सब कुछ समझ लें, परन्तु कभी इस ज्ञान को प्रयोग की कसौटी पर न कसें तो हमारा चित्रकला-विषयक ज्ञान परीक्षण के बिना अपूर्ण ही रह जायेगा। इसी प्रकार यदि हम इस ज्ञान के बिना ही एकाएक रंग भरने का प्रयत्न करने लगें तो हमारा यह प्रयास भी असफल ही कहा जायेगा। चित्रकला की पूर्णता के लिए और सफल चित्रकार बनने के लिए हमें तत्संबंधी ज्ञातव्य को जानकर प्रयोग में लाना ही होगा। यदि अन्य कलाओं के लिए भी सत्य सिद्ध होगा।

यदि हम ध्यान से देखें तो संसार में जीना भी एक ऐसी कला जान पड़ेगा जिसमें उपर्युक्त दोनों साधनों का होना अनिवार्य है। सामूहिक तथा व्यक्तिगत विकास के लिए कुछ सिद्धान्तों का ज्ञान जितना आवश्यक है, उतना ही या उससे भी कुछ अधिक आवश्यक उन सिद्धान्तों का उचित अवसर पर उपयुक्त प्रयोग भी समझा जाना चाहिए। यदि हम ऐसे सिद्धान्तों का भार जन्म भर ढोते रहें जिनका उपयुक्त प्रयोग हमें ज्ञात न हो, तो हमारी दशा उस पशु से भिन्न न होगी जिसको बिना जाने ही शास्त्रों और धर्मग्रन्थों का भार वहन करना पड़ता हो। इस प्रकार यदि हम बिना सिद्धान्त समझे उनका अनुपयुक्त प्रयोग करते रहें, तो हमारी क्रिया बिना अर्थ समझे मन्त्रपाठी शुक की वाणी के समान निरर्थक हो उठेगी।

हमारे संस्कारों में, जीवन के लिए आवश्यक सिद्धान्त ऐसे सूत्र रूप में समा जाते हैं, जो प्रयोग रूपी टीका के बिना न स्पष्ट हो पाते हैं और न उपयोगी। 'सत्यं ब्रूयात्' को हम सिद्धान्त रूप में जान कर भी न अपना विकास कर सकते हैं और

न समाज का उपकार, जब तक अनेक परिस्थितियों, विभिन्न स्थानों और विशेष कालों में उसका प्रयोग कर उसके वास्तविक अर्थ को न समझ लें—उसके यथार्थ रूप को हृदयंगम न कर लें।

एक निर्दोष के प्राण बचाने वाला असत्य उसकी हिंसा का कारण बनने वाले सत्य से श्रेष्ठ ही रहेगा, एक क्रूर स्वामी की अन्यायपूर्ण आज्ञा को पालन करने वाले सेवक से उसका विरोध करने वाला अधिक स्वामिभक्त कहलायेगा और एक दुर्बल पर अन्याय करने वाले अत्याचारी को क्षमा कर देने वाले क्रोधजित से उसे दण्ड देने वाला क्रोधी संसार का अधिक उपकार कर सकेगा। अन्य सिद्धान्तों के लिए भी यही सत्य है और रहेगा।

सिद्धान्तों को जितनी भारी गठरी लेकर हम अपने कर्मक्षेत्र के द्वार तक पहुँचते हैं, उतना भारी बोझ लेकर कदाचित् ही किसी अन्य देश के व्यक्ति को पहुँचना पड़ता हो, परन्तु फिर भी कार्यक्षेत्र में हमीं सबसे अधिक निष्क्रिय प्रमाणित होंगे, कारण, हम अपने सिद्धान्तों को उपयोग से बचा बचाकर उसी प्रकार रखने में उद्देश्य की सिद्धि समझ लेते हैं, जिस प्रकार धन को व्यय से बचाकर रखने वाले कृपण उसके संचय में ही अपने उद्योग की चरम सफलता देख लेते हैं।

परिस्थिति, काल और स्थान के अनुसार उनके प्रयोग तथा रूपों के विषय में जानने का न हमें अवकाश है न इच्छा। फल यह हुआ कि हमारा जीवन अपूर्ण वस्तुओं में सबसे अधिक अपूर्ण होने का दुर्भाग्य मात्र प्राप्त कर सका।

आज तो जीने की कला न जानने का अभिशाप देश-व्यापक है, परन्तु विशेष रूप से स्त्रियों ने इस अभिशाप के कारण जो कुछ सहा है उसे सहकर जीवित रहने का अभिमान करने वाले विरले ही मिलेंगे। यह सत्य है कि हमारे देश में व्यक्ति को इतना महत्त्व दिया गया था कि कहीं-कहीं हमें उसके विकास के साधन भी एक विचित्र बन्धन जैसे लगने लगते हैं। परन्तु यह कहना अन्याय होगा कि उन प्राचीन युग के निवासियों ने व्यक्तिगत विकास को दृष्टिबिन्दु बनाकर सामूहिक या सामाजिक विकास को एक क्षण के लिए भी दृष्टि से ओझल होने दिया। उनका जीवन-विषयक ज्ञान कितना वैयक्तिक किन्तु व्यापक, स्थिर किन्तु प्रत्येक परिस्थिति के अनुकूल और एक किन्तु सामूहिक था, इसका प्रमाण हमें उन सिद्धान्तों में मिल जाता है जिनके आकर्षण से हम अपनी अज्ञानावस्था में भी नहीं छूट पाते और इस ज्ञान का उन्होंने कैसा उपयुक्त तथा प्रगतिशील प्रयोग किया, यह समाज के निर्माण और व्यक्ति के जीवन के पूर्ण विकास को दृष्टि में रखकर खोजे गये साधनों से स्पष्ट हो जाता है। यदि हम

शताब्दियों से केवल सिद्धान्तों का निर्जीव भार लिये हुए शिथिल हो रहे हैं तो इसमें हमारा और हमारी परिस्थितियों का दोष है। यदि हम अपने जीवन को सजीव और सक्रिय बनाना चाहते, अपनी विशेष परिस्थितियों में उनका प्रयोग कर उनकी सामयिक अनुकूलता-प्रतिकूलता, उपयुक्तता-अनुपयुक्तता का निश्चय कर लेते और जीवन के ज्ञान और उसके क्रियात्मक प्रवाह को साथ बहने देते तो अवश्य ही हमारा जीवन उत्कृष्ट कला का निदर्शन होता।

हमने जीवन को उचित कार्य से विरत कर उसी के व्यवस्थापक नियमों को अपने पैर की बेड़ियाँ बनाकर उन्हें भी भारी बना डाला, अतः आज यदि लक्ष्य तक पहुँचने की इच्छा भी भूल गये तो आश्चर्य ही क्यों होना चाहिए?

इस समय भारतीय नारी के पास ऐसा कौन-सा विशिष्ट गुण नहीं है, जिसे पाकर किसी भी देश की मानवी देवी न बन सकती हो। उसमें उस सहन शक्ति की सीमा समाप्त है जिसके द्वारा मनुष्य घोर से घोरतर अग्नि परीक्षा हँसते-हँसते पार कर सकता है और अपने लक्ष्य के मार्ग में बाधाओं पर बाधाएँ देखकर नहीं सिहरता, उसमें वह त्याग है जो मनुष्य की क्षुद्र से क्षुद्र स्वार्थवृत्ति को क्षण में नष्ट कर डालता है और उसे अन्य के कल्याणार्थ अपनी आहुति के लिए प्रस्तुत कर देता है, उसमें मनुष्य को देवता की पंक्ति में बैठा देने वाली वह पवित्रता है, जो मरना नहीं जानती तथा उसमें हमारी संस्कृति का वह कोष है जिसकी किसी अन्य के द्वारा रक्षा संभव ही नहीं थी। वह आज भी त्यागमयी माता, पतिव्रता पत्नी, स्नेहमयी बहिन और आज्ञाकारिणी पुत्री है, जब संसार के जागृत देशों की स्त्रियाँ भौतिक सुखभोग पर अपनी युगजीर्ण संस्कृति न्यौछावर किये दे रही हैं। इन्हें त्याग के, बलिदान के और स्नेह के नाम पर सब कुछ आता है, परन्तु जीने की वह कला नहीं आती जो इन अलौकिक गुणों को सजीव कर देती!

जीर्ण से जीर्ण कुटीर में बसने वालों में भी कदाचित् ही कोई ऐसा अभागा निर्धन होगा, जिसके उजड़े-आँगन में एक भी सहन-शीला, त्यागमयी, ममतामयी स्त्री न हो।

स्त्री किस प्रकार अपने हृदय को चूर-चूर कर पत्थर की देव-प्रतिमा बन सकती है, यह देखना हो तो हिन्दू गृहस्थ की, दुधमुँही बालिका से शापमयी युवती में परिवर्तित होती हुई विधवा को देखना चाहिए जो किसी अज्ञात व्यक्ति के लिए अपने हृदय की, हृदय के समान ही प्रिय इच्छाएँ कुचल-कुचल कर निर्मूल कर देती है, सतीत्व और संयम के नाम पर अपने शरीर और मन को अमानुषिक यंत्रणाओं के सहने का अभ्यस्त बना लेती है और इस पर भी दूसरों के अमंगल के भय से आँखों

में दो बूँद जल भी इच्छानुसार नहीं आने दे सकती। अर्धांगिनी की विडम्बना का भार लिये, सीता सावित्री के अलौकिक तथा पवित्र आदर्श का भार, अपने भेदे हुए जीर्ण-शीर्ण स्त्रीत्व पर किसी प्रकार सँभाल कर क्रीतदासी के समान अपने मद्यप, दुराचारी तथा पशु से भी निकृष्ट स्वामी की परिचर्या में लगी हुई और उसके दुर्व्यवहार को सहकर भी देवताओं से जन्म-जन्मान्तर में उसी का संग पाने का वरदान माँगने वाली पत्नी को देखकर कौन आश्चर्याभिभूत न हो उठेगा? पिता के इंगित मात्र से अपने जीवन-प्रभात में देखे रंगीन स्वप्नों को विस्मृति से ढककर बिना एक दीर्घ निश्वास लिये अयोग्य से अयोग्य पुरुष का अनुगमन करने को प्रस्तुत पुत्री को देखकर किसका हृदय न भर आवेगा? पिता की अट्टालिका और वैभव से वंचित दरिद्र भगिनी को ऐश्वर्य का उपभोग करने वाले भाई की कलाई पर सरलभाव से रक्षाबंधन बाँधते देख कौन विश्वास कर सकेगा कि ईर्ष्या भी मनुष्य का स्वाभाविक विकार है और अनेक साहसहीन निर्जीव से पुत्रों द्वारा उपेक्षा और अनादर से आहत हृदय ले उनके सुख के प्रयत्न में लगी हुई माता को देख कौन 'क्वचित् कुमाता न भवति' कहने वाले को स्त्री स्वभाव के गंभीर रहस्य का अन्वेषक मान लेगा? परन्तु इतनी अधिक सहनशक्ति, ऐसा अप्रतिम त्याग और ऐसा अलौकिक साहस देखकर भी देखने वाले के हृदय में यह प्रश्न उठे बिना नहीं रहता कि क्या ये विभूतियाँ जीवित हैं। यदि सजीवता न हो, विवेक के चिह्न न हों तो, इन गुणों का मूल्य ही क्या है? क्या हमारे कोल्हू में बैल कम सहनशील है? कम यंत्रणाएँ भोगता है? शव हमारे द्वारा किये गये किसी अपमान को प्रतिकार नहीं कर सकता; सब प्रकार के आघात बिना हिले-डुले शांति से सह सकता है, हम चाहे उसे अतल जल में बहा कर मगरमच्छ के उदर में पहुँचा दें, चाहे चिता पर लिटाकर राख करके हवा में उड़ा दें, परन्तु उसके मुख से न निश्वास निकलेगी, न आह, न निरन्तर खुली पथराई आँखों में जल आवेगा, न अंग कम्पित होंगे! परन्तु क्या हम उसकी निष्क्रियता की प्रशंसा कर सकेंगे?

आज हिन्दू स्त्री भी शव के समान ही निस्पन्द है। संस्कारों ने उसके पक्षाघात के रोगी के समान जड़ कर दिया है, अतः अपने सुख-दुःख को चेष्टा-द्वारा प्रकट करने में भी वह असमर्थ है।

इसके अतिरिक्त ऐसी सीमातीत सहिष्णुता की प्रशंसा सुनते-सुनते वह अब इसे अपने धर्म का आवश्यक अंग समझने लगी है।

जीवन को पूर्ण से पूर्ण रूप तक विकसित कर देने योग्य सिद्धान्त उसके पास हैं, परन्तु न उनका परिस्थिति विशेष में उचित उपयोग ही वह जानती है और न उनका अर्थ ही समझती है, अतः जीवन और सिद्धान्त दोनों ही भार होकर उसे वैसे ही

संज्ञाहीन किये दे रहे हैं, जैसे ग्रीष्म की कड़ी धूप में शीतकाल के भारी और गर्म वस्त्र पहिने हुए पथिक को उसका परिधान। जीवन को अपने साँचे में ढालकर सुन्दर और सुडौल बनाने वाले सिद्धान्तों ने ही अपने विपरीत उपयोग से भार बनकर उसके सुकुमार जीवन को उसी प्रकार कुरूप और वामन बना डाला है जिस प्रकार हाथ का सुन्दर कंकण चरण में पहना जाने पर उसकी वृद्धि को रोक कर उसे कुरूप बना देता है।

हिन्दू समाज ने उसे अपनी प्राचीन गौरव-गाथा का प्रदर्शन-मात्र बना कर रख छोड़ा है और वह भी मूक निरीह भाव से उसको वहन करती जा रही है। शताब्दियाँ पर शताब्दियाँ बीती चली जा रही हैं, समय की लहरों में परिवर्तन पर परिवर्तन बहते आ रहे हैं, परिस्थितियाँ बदल रही हैं, परन्तु समाज केवल स्त्री को, जिसे उसने दासता के अतिरिक्त और कुछ देना नहीं सीखा, प्रलय की उथल-पुथल में भी शिला के समान स्थिर देखना चाहता है। ऐसी स्थिरता मृत्यु का शृंगार हो सकती है, जीवन का नहीं। अवश्य ही मृत्यु में भी एक सौन्दर्य है, परन्तु वह जीवन के रिक्त स्थान को तो नहीं भर सकता!

धन की प्रभुता या पूँजीवाद जितना गर्हित है उतना ही गर्हित रूप धर्म और अधिकार का हो सकता है; फिर उसके विषय में तो कहना ही व्यर्थ है जिसे धन, धर्म और अधिकार तीनों प्रकार की प्रभुता प्राप्त हो चुकी हो।

समाज में उपार्जन का उत्तरदायित्व मिल जाने से पुरुष को एक प्रकार का पूँजीपतित्व तो प्राप्त हो ही गया था, शक्ति अधिक होने के कारण अधिकार मिलना भी सहज-प्राप्य हो गया। इसके अतिरिक्त शास्त्र तथा अन्य सामाजिक नियमों का निर्माता होने के कारण वह अपने आपको अधिक से अधिक स्वच्छन्द और स्त्री को कठिन से कठिन बंधन में रखने में समर्थ हो सका।

धीरे-धीरे बनते-बनते स्त्री को बाँध रखने का सामाजिक, धार्मिक तथा आर्थिक उपकरणों से बना हुआ यन्त्र इतना पूर्ण और इतना सफलतायुक्त सक्रिय हो उठा कि उसमें ढल कर स्त्री केवल सफल दासी के रूप में ही निकलने लगी। न उसकी मानसिक दासता में कोई अभाव या न्यूनत थी और न शारीरिक दासता में —विद्रोह तो क्या अपनी स्थिति के विषय में प्रश्न करना भी उसके लिए जीवन में यंत्रणा और मृत्यु के उपरान्त नरक मिलने का साधन था। आज यंत्रों के युग में भी दासत्व के इस पुराने परन्तु दृढ़ यंत्र के निर्माण-कौशल पर हमें विस्मित होना पड़ता है, क्योंकि इसमें मूक यन्त्रणा सहने वाला व्यक्ति ही सहायता देने वाले के कार्य में बाधा डालता रहता है। मनुष्य को न नष्ट कर उसकी मनुष्यता को इस प्रकार नष्ट कर देना कि वह उस

हानि को जीवन का सबसे उज्ज्वल, सबसे बहुमूल्य और सबसे आवश्यक लाभ समझने लगे, असंभव नहीं तो कठिनतम प्रयाससाध्य अवश्य है। प्रत्येक बालिका उत्पन्न होने के साथ ही अपने आपको ऐसे पराये घर की वस्तु मानने और बनने लगती है जिसमें न जाने की इच्छा करना भी उसके लिए पाप है। विवाह के व्यवसाय में उसकी विद्या पासंग बने हुए ढेले के समान है, जो तुला को दोनों ओर समान रूप से गुरु कर देता है, कुछ उसके मानसिक विकास के लिए नहीं। उसकी योग्यता, उसकी कला पति के प्रदर्शन तथा गर्व की वस्तु है, उसे सत्यम् शिवम् सुन्दरम् तक पहुँचने का साधन नहीं; उसके कोमलता, करुणा, आज्ञाकारिता, पवित्रता आदि गुण उसे पुरुष की इच्छानुकूल बनाने के लिए आवश्यक हैं, संसार पर कल्याण-वर्षा के लिए नहीं। न स्त्री को अपने जीवन का कोई लक्ष्य बनाने का अधिकार है और न समाज-द्वारा निर्धारित विधान के विरुद्ध कुछ कहने का। उसका जीवन पुरुष के मनोरंजन तथा उसकी वंशवृद्धि के लिए इस प्रकार चिरनिवेदित हो चुका है कि उसकी सम्मति पूछने की आवश्यकता का अनुभव भी किसी ने नहीं किया। वातावरण भी धीरे-धीरे उसे ऐसे ही मूक आज्ञा-पालन के लिए प्रस्तुत करता रहता है। गृहिणी का कर्त्तव्य कम महत्त्वपूर्ण नहीं यदि वह साधिकार और स्वेच्छा से स्वीकृत हो। जिस गृह को बचपन से उसका लक्ष्य बनाया जाता है यदि उस पर उसे अन्न-वस्त्र पाने के अतिरिक्त कोई और अधिकार भी होता, जिस पुरुष के लिए उसका जीवन एकान्त रूप से निवेदित है, यदि उसके जीवन पर उसका भी कोई स्वत्व होता तो यह दासता स्पृहणीय प्रभुता बन जाती। परन्तु जिस गृह के द्वार पर भी वह बिना गृहपति की आज्ञा के पैर नहीं रख सकती, जिस पुरुष के घोर से घोर अन्याय, नीच से नीच आचरण के विरोध में दो शब्द कहना भी उसके लिए अपराध हो जाता है, उस गृह को बन्दीगृह और पुरुष को कारारक्षक के अतिरिक्त वह और क्या समझे!

इसमें संदेह नहीं कि ऐसी परिस्थिति का कुछ उत्तरदायित्व स्त्री पर भी है, क्योंकि उसे जीने की कला नहीं आती केवल युगयुगान्तर से चले आनेवाले सिद्धान्तों का भार लेकर वह स्वयं ही अपने लिए भार हो उठी है।

मनुष्यता से ऊपर की स्थिति को अपना लक्ष्य बनाने से प्रायः मनुष्य देवता की पाषाण प्रतिमा बनकर रहा जाता है और इसके विपरीत मनुष्य से नीचे उतरना पशु की श्रेणी में आ जाना है। एक स्थिति मनुष्य से ऊपर होने पर भी निष्क्रिय है, दूसरी इससे नीची होने के कारण मनुष्यता का कलंक है। अतः दोनों ही स्थितियों में मनुष्य का पूर्ण विकास संभव नहीं। हमारे समाज में अपने स्वार्थ के कारण पुरुष मनुष्यता का कलंक हैं और स्त्री अपनी अज्ञानमय निस्पन्द सहिष्णुता के कारण पाषाण-सी

उपेक्षणीय—दोनों के मनुष्यत्व-युक्त मनुष्य हो जाने से ही जीवन की कला विकास पा सकेगी जिसका ध्याय मनुष्य की सहानुभूति, सक्रियता, स्नेह आदि गुणों को अधिक से अधिक व्यापक बना देना है।

जीवन को विकृत न बनाकर उसे सुन्दर और उपयोगी रूप देने के इच्छुक को अपने सिद्धान्तों से संबंध रखने वाली अन्तर्मुखी तथा उन सिद्धान्तों के सक्रिय रूप से सम्बन्ध रखने वाली बहिर्मुखी शक्तियों को पूर्ण विकास की सुविधाएँ देनी ही पड़ेंगी। वह वृक्ष पृथ्वीतल पर बिना अवलम्ब के अकेला खड़ा रहकर झंझा के प्रहरों को मलयसमीर के झोंकों के समान सहकर भी हरा-भरा फल-फूल से युक्त रह सकेगा, जिसकी मूल-स्थित शक्तियाँ विकसित और सबल हैं और उसी की मूल-स्थिति दृढ़ रह सकती है जो धरातल से बाहर स्वच्छन्द वातावरण में साँस लेता है। जब बहिर्मुखी शक्तियाँ भी अन्तर्मुखी हो जाती हैं तब बाह्य सक्रियता नष्ट हुए बिना नहीं रहती। आज चाहे हमारी आध्यात्मिकता भीतर ही भीतर पाताल तक फैल गई हो, परन्तु जीवन का व्यावहारिक रूप विकृत-सा होता जा रहा है। जीवन का चिह्न केवल काल्पनिक स्वर्ग में विचरण नहीं है, किन्तु संसार के कंटकाकीर्ण पथ को प्रशस्त बनाना भी है। जब तक बाह्य तथा आन्तरिक विकास सापेक्ष नहीं बनते, हम जीना नहीं जान सकते।

1934